守 望 经 典  学 问 弥 新

未名社科·大学经典

科学管理原理

〔美〕弗雷德里克·温斯洛·泰勒 著
朱碧云 译

图书在版编目(CIP)数据

科学管理原理/(美)泰勒(Taylor,F.W.)著;朱碧云译. —北京:北京大学出版社,2013.12

(未名社科·大学经典)

ISBN 978-7-301-23479-2

Ⅰ.①科… Ⅱ.①泰… ②朱… Ⅲ.①科学管理 Ⅳ.①C931

中国版本图书馆 CIP 数据核字(2013)第 273391 号

书　　　　名:	科学管理原理
著作责任者:	〔美〕弗雷德里克·温斯洛·泰勒　著　朱碧云　译
责 任 编 辑:	耿协峰
标 准 书 号:	ISBN 978-7-301-23479-2
出 版 发 行:	北京大学出版社
地　　　　址:	北京市海淀区成府路 205 号　100871
网　　　　址:	http://www.pup.cn　新浪官方微博:@北京大学出版社
电 子 邮 箱:	编辑部 ss@pup.cn　总编室 zpup@pup.cn
电　　　　话:	邮购部 010-62752015　发行部 010-62750672
	编辑部 010-62753121
印　　刷　者:	北京汇林印务有限公司
经　销　　者:	新华书店
	890 毫米×1240 毫米　A5　5.625 印张　77 千字
	2013 年 12 月第 1 版　2025 年 4 月第 11 次印刷
定　　　　价:	28.00 元

未经许可,不得以任何方式复制或抄袭本书之部分或全部内容。
版权所有,侵权必究
举报电话:010-62752024　电子信箱:fd@pup.pku.edu.cn

弗雷德里克·温斯洛·泰勒
(Frederick Winslow Taylor, 1856—1915)

经典作家小传

弗雷德里克·温斯洛·泰勒

(Frederick Winslow Taylor,1856—1915)

美国著名管理实践家、管理学家,科学管理理论奠基人,被后人尊为"科学管理之父"。

泰勒1856年出生于美国费城一个富裕的律师家庭。1874年考入哈佛大学法律系,但不久因眼疾辍学,进入费城一个小机械厂当学徒工。1878年进入费城的米德维尔钢铁厂,一直干到1890年,从机械工人一路升任车间管理员、小组长、工长、技师、制图主任和总工程师,并通过业余学习获得了机械工程学士学位。1881年,泰勒开始在米德维尔钢铁厂进行劳动时间和工作方法的研究,为以后创建科学管理理论奠定了基础。1886年他加入美国机械工程师协会(The American Society of Mechanical Engineers)。1890—1893年,泰勒出任一家纸业投资公司的总经理,之后他独立创业,从事管理咨询和科学管理的推广应用工作。1898—1901年,泰勒受雇于伯利恒钢铁公司。1901年后,他用大部分时间从事咨询、写作和演讲等工作，以宣传他的一套管理理论，即"科学管理"。1906年泰勒担任美国机械工程师协会主席，同年获得宾夕法尼亚大学名誉科学博士学位。1915年病逝于费城。

泰勒的著作有《计件工资制》（1895年）、《工厂管理》（1903年）、《科学管理原理》（1911年）。其中，《科学管理原理》是他最重要的著作，其中提出的科学管理理论，成为20世纪在美国和欧洲大受欢迎的管理学说，其影响绵延上百年，迄今仍是管理思想史上的一部光辉经典。

名师点评

科学管理是继《联邦党人文集》之后,美国对西方思想作出的最有影响力和生命力的贡献。

——彼得·德鲁克(美国纽约大学)《管理的实践》

用今天的眼光来看,泰罗(勒)的科学管理思想和职能主义方法,不仅奠定了大型企业科学管理的基础,而且也推动了企业中所有权与经营权的分离,造就了一个所谓管理阶层。这对于科学化组织管理思想的不断创新,起到了一种十分重要的推动作用。

——张国庆(北京大学)《公共行政学(第三版)》

自1908年起,哈佛大学企业管理学士学位第一学年的课程就是根据泰勒的思想开设的。泰勒关于效率的思想对于世界其他国家都产生了重大的影响。他在科学管理方面的理论和原则有时也被称为"泰勒原则"(Taylor's Principles)或"泰勒主义"(Taylorism)。

——谭功荣(深圳大学)《西方公共行政学思想与流派》

科学管理实际上是努力在工人和资本家之间进行一场心理革命,它的基本精神在于通过劳资双方的思想变革,弥合他们的矛盾，使劳资双方由对立走向共同合作，从合作中都获取更多的好处。这种精神转变的实质就是如何实现管理者和被管理者之间的和谐，实现企业内劳资之间的共同目标。而科学管理的各项具体措施都是在这个基础上实行的，只不过是精神变革的"附件"。这种精神变革也转变了人性，将人们传统的小农思想意识形态转变为现代社会化大生产的思想意识。

——姜杰（山东大学）《西方管理思想史》

早期的效率工程师回避了企业内在冲突的本质命题，只在冲突的表层寻找解决问题的办法，企图借助于工程技术的手段，减少浪费、节约成本、降低消耗，来阻止利润率的下降，使劳资双方相安无事，结果遇到了"劳资合作"的难题。……泰勒希望依靠科学研究的方法确定"标准作业量"，然后确定"工资支付率"，这是行不通的。……按照德鲁克的观点，现代企业内部的分配，一定是基于制度理性的权威，不可能基于"科学而基准"的度量。

——包政（中国人民大学）《泰勒管理思想的历史贡献》

目　录

前　言　/ 001

第一章　科学管理基础　/ 001

第二章　科学管理原理　/ 029

前　言

经典名句

◆ 在过去，人是第一位的；在将来，体制必将是第一位的。然而，这决不意味着不需要伟大人物。相反，任何一个好体制的第一目标就是发掘和培养一流的人才，而且在系统的管理下，最优秀的人才将比过去更有把握、速度更快地晋升到高层。

《科学管理原理》英文版书影

罗斯福总统在白宫对州长们演讲时曾预言性地指出："对我国资源的保护，只是解决提高国家效率这一更大问题的开端。"

整个国家马上意识到保护我们的物质资源的重要性，并开展了一场旨在有效达成这一目的的大规模运动。然而，我们并没有清晰地认识到"提高国家效率这一更大问题"的重要性。

我们可以看到，我们的森林正在消失，水资源正在被浪费，土壤被洪水冲进大海，煤炭和钢铁资源

西奥多·罗斯福（Theodore Roosevelt, Jr., 1858—1919），人称"老罗斯福"，昵称"泰迪"（Teddy），美国历史学家、政治家，第 26 任总统（1901—1909 年）。1906 年，罗斯福总统在白宫召集全国州长会议，讨论对于水、森林和其他自然资源的有效规划、分析和使用问题。老罗斯福总统和华盛顿、杰斐逊、林肯并称美国历史上最伟大的总统。

的枯竭也为时不远。但是与上面这些对实体物质的浪费相比，我们对人力资源的浪费（也就是罗斯福总统在演讲时所指出的"国家效率"的缺乏）却更严重，也更加看不见摸不着，人们对其认识也是模糊不清的。这些浪费每天都在发生，我们那些草率行事、指挥不当，以及效率低下的行为中都存在着人力资源的浪费。

我们能看到也能感觉到实体物质的浪费。然而人们的不熟练、低效和指挥不当的行为却未留下任何让人察觉的痕迹。人们对人力资源浪费的认识需要记忆力和想象力。正因为这个原因，尽管我们每天在这方面的损失大于我们在实体物质上的损失，但是我们却深为后者所困，如临大敌，对前者却知之甚少，不为所动。

"更高的国家效率"问题至今还没有引发公众的广泛讨论和关注，也没有人召集会议讨论如何引发公众的讨论和关注。但是依然有迹象表明，人们已经普遍感觉到了提高效率的必要性。

上到大公司的总裁，下到家庭的仆人，我们从来就没有像现在这么积极地寻找更适合、更能干的人。而且这种能干的人也前所未有地供不应求。

但是我们寻找的一直都是那些现成的、受过他人培训并能马上胜任工作的人。只有我们充分意识到我们的机会和责任都在于通过系统性的合作来培训出这种能干的人，而不是猎寻他人已经培训好的人，这样我们才走上提高国家效率的道路。

过去的流行观念是，如果找对了人，这个人自然会找到解决问题的正确方法。这种观念在"商业领袖是天生的，不是后天培养的"这句谚语中得到了很好的诠释。在将来，人们会体会到，我们的领导者必须是既具有天分又受到了良好培训的人，在过去的人事管理体制下的伟大人物，也没法跟这些受到良好组织因而能够有效合作的普通人竞争。

在过去，人是第一位的；在将来，体制必将是第一位的。然而，这决不意味着不需要伟大人物。相反，任何一个好体制的第一目标就是发掘和培养一流的人才，而且在系统的管理下，最优秀的人才将比过去更有把握、速度更快地晋升到高层。

本文的写作目的是：

第一，通过一系列简单的事例来指明，由于几乎我们所有的日常活动中都存在低效问题，导致整个国家遭受巨大损失。

第二，使读者相信，对这种低效的补救方法在于系统性的管理，而不是去寻找才能异常或者超常的人。

第三，证明最优的管理是一门真正的科学，依靠清晰界定的法则、规则和原理作为基础，并进一步表明，从我们最简单的个人行为到大公司的运作（后者更需要精细的合作），科学管理的基本原理适用于所有人类活动。简单说来，就是通过一系列的事例使读者相信，只要这些原则被正确应用,令人惊奇的骄人成绩就一定会随之而来。

这篇文章原本是为对美国机械工程师协会的演讲准备的。我相信本文所选择的事例对商业公司和制造公司的工程师和管理者,以及这些公司的所有员工都特别有吸引力。然而,我希望其他的读者明白,相同的原则可以应用于所有的社会行为中,而且都会有一样的效力,包括:对我们家庭的管理,对农场的管理,对商人经商行为的管理(不管规模大还是小),对教会的管理,对慈善机构的管理,对大学的管理,以及对政府机构的管理。

美国机械工程师协会(The American Society of Mechanical Engineers,ASME)成立于1880年,在世界各地建有分部,是一个有很大权威和影响的国际性学术组织。ASME主要从事发展机械工程及其有关领域的科学技术,鼓励基础研究,促进学术交流,发展与其他工程学会、协会的合作,开展标准化活动,制定机械规范和标准。它拥有125000个成员,管理着全世界最大的技术出版署,每年主持30个技术会议,200个专业发展课程,并制订了许多工业和制造标准。协会网址:http://www.asme.org。

第一章　科学管理基础

经典名句

◆ 管理的主要目标应该是，确保雇主的财富最大化，与此同时也要确保每一个雇员的财富最大化。

◆ 工人和管理者的最重要的目标都应该是工厂中每一个个体的培训和能力的开发，这样他才能（以他最快的速度和最高的效率）胜任与他的本身能力相匹配的最高水平的工作。

◆ "磨洋工"问题是诱发经济萧条、失业和贫困的根本原因之一，与现在所使用的旨在减轻这些灾难后果的其他任何疗救措施相比，消除"磨洋工"这种方法具有更加长久和深远的效果。

◆ 在几乎所有的机械工艺中，每一个工人的每一个动作背后都蕴涵着强大而深奥的科学。

"磨洋工"

管理的主要目标应该是，确保雇主的财富最大化，与此同时也要确保每一个雇员的财富最大化。

"财富最大化"这个词，在此使用的是其广义的意思，不只意味着公司或其股东的高额红利，还包括公司的每一个分支部门的发展都达到其最佳状态，这样的财富才能够长久。

同样，每个雇员的财富最大化也不仅仅是指与同阶层的工友相比得到更高的工资，更重要的是，它还意味着每个人都达到效率最大化的状态。一般来说，就是使每个人都能够从事与他自然能力相匹配的最高等级的工作。这就进一步意味着，在可能的情况下可以把这种工作分配给他来完成。

雇主以及雇员的财富最大化应该是管理中的两大主要目标,这个事实是不证自明的,甚至是毋庸赘言的。但毫无疑问的是,遍及工业领域,大部分的雇主组织以及雇员组织都在进行对抗而不是寻求和平,也许双方中的多数人都不相信可以对他们之间的关系进行调解以使他们的利益达成一致。

这些人中大部分认为雇主和雇员的基本利益必定是对立的。相反,科学管理的基础正是在于坚信雇主和雇员两者的真正利益是相同的也是一致的;没有雇员的财富最大化,雇主的财富最大化就不具有持续性,反之亦然;在工人得到他最想要的——高工资的同时,雇主得到他最想要的——工厂劳动成本的降低,这是非常可能的。

我希望至少在那些只赞同其中一个目标的人中,通过本文,有一些人可以改变他们的观念。一些雇主对待工人的态度一直是,尽可能地从工人身上得到最大的产出,工资却是尽可能的少。我希望通过本文,这些雇主能够认识到对工人更加宽松大方的政策对他们自己也有好处。

有些工人羡慕雇主得到的合理或者是超额利润，认为他们的所有劳动果实都应该归自己所有，雇主以及雇主所投入的资本就应该获得一小部分利润，或者是不获利，我希望通过本文的引导这些工人能够转变自己的观念。

没有人否认，在单独个体生产的情况下，只有在个体达到其最高效率的状态时，也就是说，当他每天的产量达到最高的时候，才会达到财富的最大化。

这个事实蕴含的原理在两个人一起工作的情况下同样是非常清晰的。 例如：如果你和你雇用的工人的技术十分熟练，你们每天一共可以制作两双鞋，然而你的竞争对手和他雇用的工人每天只能制作一双鞋，很明显，在卖掉你们制作的两双鞋之后，你能够支付给你的工人的工资要比那位制作一双鞋的竞争对手能够支付给他的工人的工资高，而且你支付工资之后的盈余和利润也要比竞争对手高。

在更复杂的制造工厂或者公司中，这个原理也是非常清晰的，即，在公司运营中，只有在人力上和物力上支出最少，以及在机器和建筑上的投资成本最小的情况下，工人的持续的财富最大化以及雇主的持续的财富最大化才能够实现。或者换一种说法，财富的最大化只能作为工厂中工人和机器最大生产力的结果而存在，也就是说，当每个工人和每台机器都达到最大产出的时候，才能达到财富的最大化。原因很明显，因为竞争的关系，只有你的工人和机器每天比你周围的人生产出更多的产品，与竞争对手相比，你才能够付给工人更高的工资。这种存在于两个相互竞争的毗邻企业之间的高工资的支付情况，同样也适用于国内整片地区的企业，甚至是存在竞争关系的国家之间。简而言之，财富的最大化只能是生产力最大化的结果。这篇文章的后半部分会举一些公司的例子，这些公司具有高额的利润，同时员工的工资要比同行业中类似的员工以及竞争对手的员工高百分之三十到百分之百。这些例子涵盖了从最基础到最复杂的不同种类的工作。

如果以上的推理是正确的，那么以下观点就很容易理解了。即，工人和管理者的最重要的目标都应该是工厂中每一个个体的培训和能力的开发,这样他才能(以他最快的速度和最高的效率)胜任与他的本身能力相匹配的最高水平的工作。

这些原理看上去是不证自明的,以致很多人会认为阐述这些原理简直就是幼稚的行为。然而,我们还是需要面对现实,因为相关现实确实是存在于英美两国的。英国人和美国人是世界上最棒的运动员。当一个美国工人在打棒球时,或者一个英国工人在打板球时,毫无疑问,他会尽最大的努力为他所在的队伍争取胜利。他会竭尽全力得到高分。这种普遍存在的情绪非常强烈,以致任何一个没有在比赛中拼尽全力的人,都会被挂上"逃兵"的牌子,被他周围的人轻视。

然而,同样是这个工人,当他在第二天开始工作时,他不但不会全力以赴生产出最大量的产品,多数情况下这个人会故意尽可能地少做工作——生产出比他实际能够生产的少得多的产品——在很多情况下,他所完成的工作不会超过每天正常工作量的三分之一或者二分之一。实际上，如果他尽其所能达到其最大日产量，他会因此受到工友的责备，这种责备比他在运动比赛中被骂"逃兵"更加严厉。在工作中蓄意放慢工作速度以避免完成全天的工作就是美国人常说的"磨洋工"，英国人称之为"怠工"，苏格兰人称之为"劳模"（老磨），这种现象在工商业中几乎是无处不在的，在建筑业中也相当普遍。我不怕有人反对我这样讲，我认为这种现象构成了当今社会的最大毒瘤，英国和美国的工人们都深受其害。

文章后半部分会阐明：制止各种形式的"怠工"和"磨洋工"现象，正确处理雇主和雇工之间的关系，让每个工人发挥其最大优势，以其最快速度工作，再加上与管理层的密切合作，以及来自于管理层的帮助（这是每个工人都应该得到的），平均来说，结果会使每台机器和每个工人的产量差不多翻一番。在英美两国所讨论的改革措施中，还有哪一项措施能够在促进繁荣、消除贫困和缓解痛苦中发挥如此大的作用呢？美国和英国最近都在关注和讨论关税问题、大型公司的控制问题、继承权问题，以及各种多少带有社会主义性质的税收提议等问题。这些问题对雇主和工人均具有深远的影响，但是相比较而言，"磨洋工"问题却更加重要和严重。"磨洋工"问题直接且有力地影响了每一个劳动者的工资、财富和生活，同样也直接而有力地影响了这个国家中每一个工商业公司的财富。但是，至今没有一个人提出"磨洋工"问题来引起大家的注意。

消除"磨洋工"现象，并根除那些导致"磨洋工"现象的原因，会降低产品的成本，从而有助于极大地扩张我们的国内外市场，同时也有利于我们在与竞争对手的竞争中占据优势。"磨洋工"问题是诱发经济萧条、失业和贫困的根本原因之一，与现在所使用的旨在减轻这些灾难后果的其他任何疗救措施相比，消除"磨洋工"这种方法具有更加长久和深远的效果。消除"磨洋工"将能够确保工人获得更高的工资，也才有可能让工人缩短工作时间并获得更好的工作、生活环境。

只有每个工人都下决心达到其最大日产量，才会存在财富的最大化，但是为什么面对这个不证自明的事实，大多数工人却故意做着相反的事呢？甚至有的时候，尽管工人的愿望是好的，但很多情况下他们的工作也远远不够有效率。

出现这种情况，主要有以下三个原因：

第一，长久以来，在工人中存在一个相当普遍的荒谬说法，即，某一行业中每个人、每台机器产量的实质性提高最终都会导致大批工人丢掉工作。

第二，现在通用的管理方法体系存在缺陷，使得每个工人必须磨洋工，放慢工作速度，以保护自己的最佳利益。

第三，在各个行业中普遍使用的经验法则效率低下，而工人在应用经验法则中浪费了大部分精力。

本文将要阐明的是我们的工人采用科学管理的方法取代经验法则所带来的巨大成果。

对这三个原因的详细阐述如下：

第一，大多数工人仍然认为，如果他们以最快的速度工作就会使很多人失去工作，就是把不公正带到了整个行业。然而，每一个行业的发展历史都表明，不管是一种新机器的发明还是一种更好方法的引进，每一次改进和改良都会导致本行业中工人生产力的提高和成本的下降，这些改进最终为更多人提供了工作机会，而不是让工人失去工作。

几乎任何日用品价格的降低都会立即引起对该种产品需求的大量增加。以鞋子为例，引入机器生产之前，鞋子的每个部件都是手工制作的，机器的引入使制作鞋子的人工成本只有之前的一小部分，从而鞋子的价格也更加便宜，以致现在每个工薪阶层的男人、女人和小孩儿每年都会买一到两双鞋，常年都穿鞋了。而之前，一个工人也许每五年才会买一双鞋，他们大多数时间都是光着脚的，穿鞋子成为一种奢侈，只有在最严肃的场合才会穿。尽管在制鞋机器的帮助下，每个工人的鞋子产量都有了巨大的提高，但是对鞋子需求的增长却更加迅猛，所以制鞋产业中的从业人员比之前要相对更多。

每个行业的工人都面临着这种问题，但是他们甚至对自己本行业的历史都知之甚少，以致他们仍然像他们的父辈一样坚信，每个人每天全力以赴达到最大的产量触犯了他们的最佳利益。

在这种错误理念的支配下，英美两国大部分的工人每天都在故意地放慢工作速度以降低产量。几乎每个工会都已经制定或打算制定有关规则来削减其工会成员的产量。那些对工人影响最大的人——劳工领袖以及很多怀着慈善情怀帮助工人的人，每天都在传播这种错误观点，同时还告诉工人他们已经干得够多的了。

有关"血汗工厂"的工作和工作环境的讨论从过去到现在一直在进行，从未停止过。我很同情那些劳累过度的工人，但是总的来说，我更同情那些领低薪的工人。每有一个工人劳累过度，就会有一百个工人在每天的工作中故意少做工作——甚至是严重地少做工作，这些人因为这个原因而故意协力促成一种状况，这种状况最后不可避免地导致了低工资。但是到现在都没有一个人站出来试图纠正这个错误。

芝加哥工人大罢工

作为工程师和管理者，我们比社会中其他阶层的人更加深刻地了解这些事实，因此我们是与这种错误的理念作斗争的最佳人选，我们要引导一场运动把事实真相传达给工人们，乃至整个国家。然而实际上，迄今为止我们在这个方向上没有任何动作，把这个领域完全留给了劳工的煽动者（这些人中的很多人收到的是错误的信息，受到了误导）以及那些对现实工作状况不了解的感情用事的人。

第二，造成"磨洋工"的第二个原因就是在几乎所有通常使用的管理体系中雇主和雇工之间的关系。不可能用短短几句话就让那些不了解这个问题的人清楚了解造成"磨洋工"的这个原因。也就是，雇主不知道工人完成各种类型的工作所需要的适当时间，这一点有利于工人在工作中"磨洋工"。

因此，笔者在此将引述自己于1903年6月在美国机械工程师协会所发表的题为《工厂管理》的文章，希望能够全面地解释以上"磨洋工"的第二个原因：

> 这种磨洋工或者说怠工有两种原因。其一，出于人自然的懒散倾向和本能，这可以称为"自然性磨洋工"。其二，出于人际关系所引发的更加错综复杂的思虑和顾忌，这可以称为"体制性磨洋工"。

毫无疑问，各行各业的普通工人都倾向于放慢工作速度，拥有从容的工作步态。只有经过大量的仔细思量和认真观察以后，或者是因为榜样的作用，良心上过不去或者外部有压力，他才会提高速度。

当然，有些人有不同寻常的精力、干劲和志向，他们会自然而然地选择最快的速度，他们会建立自己的标准，会努力工作，即使这样可能会与他们的最佳利益相违背。但是，这些为数不多的不寻常的人只是一个突显普通人懒散倾向的对照而已。

让很多人集合到一起干类似的工作，并按照统一的标准按天计酬，使得这种普遍存在的"懒散"倾向更加严重。

在这种方法下，那些比较优秀的人必定会逐渐地放慢他们的步调直到效率最低的水平。当一个生来精力充沛的人与一个天性懒惰的人一同工作几天后，他们的情况就不言而喻了。"那个懒家伙只做了一半的工作，却和我得到的工资一样多，为什么我就应该努力工作呢？"

对在这种状态下工作的工人进行精确的时间研究，就会揭露事实的真相，这个真相既荒唐又可笑。

有一个例子：本文作者曾经为一个天生精力充沛的工人进行计时，他每天上下班走路的速度是每小时三到四英里，而且在下班之后他通常会小跑着回家。一到工厂开始工作，他立马就慢了下来，平均速度降到了每小时大约一英里。例如，当推一个满载的手推车时，为了使满载的时间尽可能短，即使在上坡，他推车的速度也会飞快。然而在推着空车返回的时候，他的速度又立即放慢到大约一英里每小时，他会寻找一切机会拖延时间，就差坐下来休息了。为了确保做的不比他懒惰的工友多，他会因为把精力用在减慢速度上而把自己搞得筋疲力尽。

这些工人都是在工头的监视下工作的。这个工头具有较高声望，并且受到老板的极高器重。然而当有人提醒他注意这种问题的时候，工头会回答说："好吧，我可以不让他们坐下，但是即使是魔鬼也不能让他们在工作中加快速度。"

人的懒惰天性是非常严重的，但是到目前为止，体制性磨洋工是最为严重的，工人和雇主都深受其害。在通常的管理机制中，这种体制性磨洋工几乎无处不在，它是工人从自己的角度对提升其最佳利益的方法进行仔细琢磨后的结果。

笔者最近听到一个非常有趣的事，一个只有十二岁但经验老到的高尔夫球童对一个新球童解释捡球时放慢速度、保持跟在打球人后面的必要性。这个新球童对于捡球表现得既有激情又充满兴趣。但是经验老到的球童告诉这个新人,因为他们是按小时取得报酬,所以他们跑得越快,赚得越少。最后,这个有经验的球童威胁说,如果这个新球童跑得太快,其他男孩就会揍他一顿。

这代表了一种类型的体制性磨洋工。由于他是在雇主知晓的情况下发生的,只要雇主愿意,他随时可以解决这个问题,所以这个问题不是很严重。

然而,更多的体制性磨洋工是有人蓄意不让雇主知道他们可以达到什么样的速度。

《工厂管理》英文书封面

怀着这种目的的磨洋工非常普遍,以致在一个大型企业里,不管是实行计时工资还是计件工资,还是按合同领工资(包工制),或者其他任何普通计酬制度，都几乎找不到一个能胜任的工人。工人们都会花相当一部分时间用来研究如何减慢自己的工作速度，而且还要让他的雇主相信他工作的速度已经相当快了。

简而言之，这些问题的原因在于，在实践中，不管是实行计件工资还是计时工资，所有的雇主都会为各种水平的工人界定一个自己认为合适的最高日工资额。

每个工人都会很快发现适合自己的工资额，他同时也会意识到，当雇主确信某个工人能完成更多工作的时候，这个雇主迟早会找到一个办法迫使他提高到这个工作量，却只给他增加很少的工资，甚至不给他增加工资。

雇主对某一特定的工种日工作量的认识，一是来源于他们自己的经验，但是这种经验随着年龄的增长会逐渐靠不住。二是来源于对工人不定期的不成体系的监督，或至多也就是来源于对每一类工作所需要最短时间的记录。虽然很多情况下，雇主非常确信某一工种可以在更短的时间里完成，但是他很少考虑采取必要的严厉措施来促使工人以最快的速度工作，除非有实际的记录确切地证明工作速度可以提高到何种水平。

所有工作都不超过过去的工作速度是绝对符合每个工人的利益的。年轻的没有经验的工人从他们的前辈那里学到这一点。一切可能的劝告和社会压力都压在贪婪和自私的工人身上，以阻止他们创造新的工作纪录。因为，虽然新的工作纪录会给这些工人带来暂时的加薪，但是所有其他的工人都不得不在之前的薪酬水平下工作得更加卖力。

在通常最佳的计时工资制下，精确记录每个工人的工作量和效率，而且随着工人的进步提高他们的工资，解雇不符合一定标准的工人，并用经过仔细挑选的新人代替他们,自然性和体制性磨洋工都会得到很大程度的解决。然而,只有使工人完全相信,雇主即使在遥远的将来也不打算采取计件工资制,这个办法才会奏效。如果工人认为工作本身适合计件工资制,那么就几乎不可能让工人相信将来不会采用计件工资制。很多情况下,工人害怕雇主把他们创造的纪录作为计件工资的基础,于是他们就会尽可能地去磨洋工。

然而,正是在计件工资制下,体制性磨洋工的手段才花样百出。由于一个工人更加努力工作而增加产出会导致他每件产品的价格降低两到三倍,所以,只要磨洋工能够阻止产品价格的降低,他可能会横下心来这么做,而忽视雇主的利益。对于工人的本性来说,这太不幸了。磨洋工乃是蓄意误导和欺骗其雇主,这样的话,那些本来正直而老实的工人就被迫变得多少有些虚伪滑头了。很快雇主就会被当成是对手——如果不是敌人的话。本该存在于一个领导者和他的团队之间的相互信任，他们为共同目标而奋斗的激情和在获得成功之后共享的喜悦，这些都完全消失了。

在很多情况下，在普通的计件工资制中，工人的这种敌对情绪非常明显，以致雇主的任何提议，即便是合理的，他们都持有怀疑态度。磨洋工变成了一个痼习，以致尽管有时候产量的大幅增长不会导致工人工作量的增加，他们还是会经常煞费苦心地限制他们所操作机器的产量。

第三，至于磨洋工的第三个原因，本文后面将用相当的篇幅来说明，即使在每一个行业的最细小的环节中，雇主和雇工都会从用科学管理取代经验法则中得到巨大的好处。只有一个人亲眼看到专业人士通过对动作和时间的全面彻底研究而进行的改进，他才会全面意识到：在任何行业，通过减少工人不必要的动作，用快速的动作取代慢速且低效的动作，就会节约大量的时间，进而达到增加产量的效果。

简单解释一下：因为所有行业中的工人都是通过观察他们周边工友的动作来学习工作中的各种细节，所以做同样的工作，会有很多不同的方法。也许每个行业中的每个步骤都会有四五十种，甚至上百种方法来完成。同样道理，每一个工种也会使用很多种不同的工具。现在，在每个行业的每个步骤中的各种方法和工具中，总会有一种方法、一个工具会比其他的方法和工具更快更好。只有对所有使用的方法和工具进行科学的研究和分析，加上精确和细致的动作和时间研究，才能找出或者说研发出这种最好的方法和工具。这牵涉到在整个机器生产过程中要用科学管理逐步替代经验法则。

本文将指出，所有通行的老式管理体系中所蕴含的哲学过于刻板，工人从管理者身上获得的帮助和建议相对较少，他必须按自己所想的最好的方法去工作，这使得每个工人都必须为他实际的工作承担最终责任。本文还将指出，正因为这种对工人的孤立，造成在这种管理体系下，即使确实存在科学规则和工艺标准，很多情况下工人也不可能遵照这些规则和标准来工作。

笔者断言，在几乎所有的机械工艺中，每一个工人的每一个动作背后都蕴涵着强大而深奥的科学。但是最适合从事这项实际工作的工人，在没有其他人的帮助和指导下，往往不能完全理解这门科学，其原因或者是其教育水平不够，或者是其智力条件不够。这是一个普遍性的原则，本人将在后文中举例来证明这一事实。为了使工人在工作中遵守科学法则，与以往惯用的管理方法中的责任分配方式相比，管理者和工人之间的责任分配必须更加均等。那些在管理中承担研发这门科学任务的人同时也应该指导和帮助在这个体系下工作的工人，对于结果，他们也应该承担比通常情况下更大的责任。

这篇文章的主体部分将会明确指出，为了遵守科学法则，管理者必须接管和负责很多现在由工人负责的工作。几乎工人的每个操作都应该是在管理者的一个或者多个准备行动之后进行，这就使工人能够比现在更快更好地完成工作。每个工人每天都要接受负责人的培训，并从负责人那里得到友善的帮助，而不是像过去那样，一个极端是被老板驱使，赶鸭了上架，另一个极端就是老板放任不管,听之任之。

这种工人和管理者之间亲近、密切的彼此合作是现代科学管理或任务管理的精髓和实质。

本文将通过一系列的事实案例表明,通过这种友好的合作,也就是说,通过平等地分担每天的任务,所有上面提到的在公司中阻碍每个人以及每台机器达到最大产值的障碍都被扫除了。与之前老式的管理体系相比,工人的工资提高了30%到100%,加之每天与管理者肩并肩地亲密接触,这就完全扫除了所有磨洋工的理由。在这种新的体系之下,用不了几年,工人就会亲眼看到活生生的例子:每个人产量的增加会为更多人创造工作机会,而不是让工人失业。这个事实会进一步根除所谓每个工人产量的提升会把其他工人排挤出工厂的荒谬观点。

因此笔者判断,我们不仅能够,而且更应该以言语和文字的方式对工人乃至社会的各个阶层进行教育,让其认识到每个人和每台机器达到最大产量的重要性,但只有通过采用现代科学管理方法,才能最终解决这一问题。本文的很多读者也许会说,所有的这些都只是理论。正相反,虽然科学管理的理论,或者说科学管理的哲学才刚刚开始被大众所了解,但是科学管理本身在过去将近三十年的时间里一直在不断地发展和演变。在这段时间里,各行各业中一个接一个的公司对雇员的管理逐渐由普通的管理体制转变为科学管理体制。在美国,至少有五万工人在科学管理的体系下工作;他们每天的工资收入比周围与他们同等能力的工人要高30%到100%。同时,他们所工作的公司比之前更加成功和繁荣。这些公司中每个工人、每台机器的产量平均增加了一倍。在过去的这么多年里,在科学管理体制下工作的工人没有发生一次罢工事件。通常管理体制的一个特点就是充满了猜测和多疑,以及公开的冲突,而在科学管理体制之下,这种猜测多疑和公开的冲突将被管理层和工人之间普遍存在的一种友好合作关系所取代。

论述有关科学管理体制所采用的方法和应用中的细节,以及由通常管理体制转化为科学管理体制所要采取的步骤的论文已经有很多了。但不幸的是，这些文章的很多读者都错把科学管理的过程方法当成了其真实的本质。科学管理本质上包括一些大的普遍原理，一种可以广泛运用于很多方面的基本哲学。因此，任何个人或某些人所描述的应用这些基本原理的最佳方法，无论如何都不应当与这些原理本身相混淆。

本文并不是声称科学管理体制是能够解决存在于工人或者雇主身上所有问题的万应灵药。只要有那些生来就懒惰或散漫的人，只要有那些生来就贪婪而不讲理的人，只要我们身边还存在邪恶和犯罪，那么我们身边就不会缺少贫穷、悲惨和不幸。没有任何一个人，或者一批人掌控的管理体系或者解决问题的策略能够确保工人和雇主的事业长久兴旺发达。事业兴旺取决于很多因素，这完全超出了任一批人、任一个州，甚至是任一个国家的控制范围。所以某些痛苦时期不可避免地会到来，雇主和工人双方或多或少都必须承受。然而，在科学管理的体制下，这些痛苦时期以外的期间会更加兴旺、更加幸福、更加和谐。同样，这些不可避免的痛苦时期会更少、更短，带来的痛苦更加轻微。这一点在任何一个首先用科学管理体制取代经验法则的城镇、地区或者州中都尤为明显。

笔者坚信，这些原则迟早会在文明世界普遍应用。它们越早得到应用，人们得到的好处就越多。

第二章　科学管理原理

经典名句

- 在"激励主动性"的管理方法下,实际上所有问题的解决都"依靠工人";然而在科学管理方法下,有一半的问题要"依靠管理层"来解决。
- 在现代科学管理中最突出的一个因素就是任务观念。每个工人的工作都由管理层至少在一天前事先做好计划,很多情况下,每一个工人都会得到一个完整的书面指示,细致描述他所要完成的工作以及他在工作中需要用到的方法。
- 我们必须指明,获得的这些利益,不是由于一种管理方法下的体制比另外一种管理方法下的体制更具优越性,而是通过用一套基本的管理原理来替代一套完全不同的管理原理,通过用一种企业管理哲学来替代另一种企业管理哲学来实现的。

伯利恒钢铁公司素描图

笔者发现，对于逐渐对科学管理感兴趣的人来说，有三个最为重要的问题需要回答：

第一，科学管理原理与其他普通管理方法的本质区别在哪里？

第二，为什么使用科学管理方法可以得到比其他管理方法更好的结果？

第三，为公司物色到合适的管理人选难道不是管理中最重要的问题吗？如果你物色到了合适的管理人选，难道管理方法的选择不是应该留给这个合适的人来决定吗？

本文接下来的篇幅的一个主要目的就是对以上三个问题给出令人满意的答复。

最佳的通用管理方法

在论述科学管理（或者简称为"任务管理"）的原理之前，似乎应该简单介绍一下笔者心目中的最佳通用管理方法。这样读者就会全面地认识到最佳通用管理方法和科学管理方法之间的显著区别。

一个雇用了500到1000个工人的工厂企业，通常至少会涵盖20到30种不同的工种。最初，我们的先辈每个人都要从事各种工种的操作，而如今劳动力得到了很大程度上的细分，每个工人专门从事某种复杂的工种。然而就在从最初的身兼数职发展到现在细致分工的这么多年里，从事每种职业的工人都是通过口口相传来传承有关知识和技术的。

每一种职业中的每一代工人都善于发明创造，他们会研发出更快和更好的方法来改进工作中的每一个工序。因此宽泛地讲，现在所使用的方法可以说是代表了演化中的适者生存法则，每个工种的方法都是从最初发展而来的最佳方法。尽管这在广义上是正确的，但是只有那些深入了解每一个工种的人才能完全意识到这一事实，那就是每一个工种中的每一个工序所使用的方法并不是统一的。不存在某一种方法被普遍奉为标准，相反，在每天的工作中，有50甚至100种不同的方法来完成同一个工序。稍微想一想就会明白其中缘由，因为工作的方法是通过工人之间的口口相传来传承的，或者说在很多情况下是通过无意识的亲身观察所得到的，所以这种存在多种方法的情况是不可避免的。事实上，这些工作方法从没有经过整理或者系统的分析和描述。毫无疑问，每一代工人（每10年）都会把技术和经验，以及最好的方法传递给下一代工人。这些大量的传统知识或者说经验可以说是每一个生意人最重要的财富或者说是财产。现在，在通常使用的最优管理方法中，管理者都坦率承认这一事实：他们所管理的分布在20到30个工种中的500或者1000个工人拥有大量的传统知识，这些知识的很大部分并不是由管理者掌握的。当然很多情况下，包括工头和监工在内的管理层本身就是其所在行业技艺一流的工人。但是这些工头和监工也比别人都更加清楚,与他们管理的所有工人的技术和知识的集合相比,他们自己的知识和个人技术还差得很远。因此,最有经验的管理者会把最优的和最经济的工作方法坦诚地告诉他所管理的工人。他们把他们所面临的任务归结为:使每个工人都用尽全力,努力工作,发挥他的传统知识和技术、他的聪明才智以及他的良好愿望——归纳而言就是他的"积极主动性",以此来使雇主得到最大的收益。那么,管理所面临的问题简单说来就可以归纳为:激发每一个工人最大的积极主动性。本文作者使用的是广义上的"积极主动性",它包括挖掘出工人所要具备的所有优秀品质。

另一方面,除非一个管理者认为他提供的工资要高出这些工人通常的水平,否则,没有哪个明智的管理者会指望能够全面激发其所管理的工人的积极主动性,只有那些做过管理者或者在某一行业中工作过的读者才会意识到,这些工人通常远远没有向他的雇主展现出其全面的主动性。20个公司里会有19个公司的工人认为发挥他们最大的积极主动性直接违背了他们的利益,这么说是一点都不为过的。他们不但不会努力工作,尽最大的努力为雇主提高工作的产量和质量,还会蓄意地尽可能放慢工作速度,并且还要让监督他们工作的人相信,他们的工作速度已经很快了。①

因此,笔者要重复一点:为了激发工人的主动性,管理者必须为其所管理的工人提供超出行业平均水平的特殊激励。这种激励可以有多种不同的表现方式,例如:快速提升或晋升的希望;更高的工资,其形式可以是丰厚的计件工资或者是基于快速有效的工作的额外津贴;工作时间的削减;与普通工人相比工作环境和工作条件的改善;等等。但是总的来说,这些特殊激励应该伴随着对工人的亲切关怀和友好相处,只有管理者真诚和善意地关心他们所管理的工人的福利,这些激励才会起作用。只有通过提供特别的诱导,或者说这种"激励",雇主才多多少少有希望激发工人的积极主动性。在通常的管理方

---

① 笔者在美国机械工程师协会宣读的一篇题为《工厂管理》的文章里对这种不幸状况的产生原因进行了清楚的阐述。

法下，人们已经普遍认识到为工人提供特别诱导的必要性，所以对这一学科最感兴趣的人很多把现代工资支付机制（例如计件工资、奖金计划或者提升计划）的实际适用看作是管理制度的全部。然而，在科学管理的体系下，这种特殊的工资支付机制只是一系列次要措施中的一种。

广义上来说，通常使用的最优管理方法可以被定义为：使工人发挥其最大的积极主动性，并回报以雇主的特别激励的一种管理方法。这种管理方法在本文中被称作是"激励主动性"的方法，以区别于科学管理或者任务管理的方法，下文将对它们作出比较。

笔者希望大家把"激励主动性"的管理方法看成通常使用的最优管理方法的代表。事实上，我认为说服普通管理者，让他们相信在管理领域存在比这种"激励主动性"的管理方法更好的方法是非常困难的。笔者所面临的任务或困难在于：用一种完全使人信服的办法向大家证明存在另外一种管理方法，它不只是优于而且是大大优于"激励主动性"的管理方法。

这种对"激励主动性"方法的偏爱非常普遍，以至于仅仅指出理论上的优势可能不会使一般的管理者认为其他的管理方法是更优的。笔者将依靠一系列有关两种管理方法的现实例子来证明科学管理方法优于其他管理方法。笔者所引用的实际例子将包含一些基础性的原理和某些原则，这些原则是科学管理方法的实质所在。科学管理方法有别于其他管理方法（通常的管理方法或者经验法则）的一般原理在本质上是非常简单明了的，所以笔者最好在举例之前先对其进行描述。

在旧的管理方法中，成功完全有赖于激发工人的"积极主动性"，但是在现实中能够成功激发这种"积极主动性"的案例却异常罕见。相比旧的管理体制，科学管理方法可以统一地、在更大的程度上充分地激发工人的"积极主动性"（指他们的辛勤工作、良好愿望及创造天赋）。除了在工人方面的这种改进，管理者也会承担在过去的管理体制下无法想象的新负担、新任务，以及新责任。例如，管理者将会承担搜集过去由工人所掌握的所有传统技术的责任，并将其分类、制表，最终形成规则、制度、惯例和公式，这些公式和惯例将对工人的日常工作产生极大的帮助。除了通过这种方式研发出一门科学，管理者还承担着另外三方面的责任，这些责任对他们来说都是新的、沉重的担子。

这些新的责任可以分为四组：

第一，针对工人工作中的每一个工序，都研发出一门科学，这种科学代替了之前的经验法则。

第二，管理者科学地选择并培养、训练这些工人，让这些工人成长；而在过去，工人自己选择自己的工作，并尽其所能把自己培训得更好。

第三，管理者衷心地与工人合作，以确保所有的工作都符合其研制的科学原理。

第四，管理者和工人之间对工作以及责任有一个大致公平的分担。现在，管理者负责所有他比工人更适合承担的工作。而在过去，几乎所有的工作和大部分的责任都推给了工人。

科学管理方法是工人的主动性和由管理者承担的新型工作的结合，这就使科学管理方法比之前的管理方法更加有效。

在"激励主动性"的管理方法中，以上因素有三个在很多案例中也是存在的，它们是以一种微观的、初步的方式存在，重要性不大。但是在科学管理方法中，它们却构成了整个管理体系的实质。

以上的第四个因素，即"管理者和工人之间对工作以及责任有一个大致公平的分担"，需要进一步的解释。"激励主动性"管理方法的哲学要求每个工人承担总体计划的全部责任。工人要负责工作中的每一个工序，在很多情况下，要承担包括他所使用的装备在内的所有责任。除了这些，他还必须从事现实的体力劳动。另一方面，一门科学的研发涉及很多规则、制度、公式的建立，这些规则和制度将替代单个工人的判断。这些规则和制度只有经过系统的记录和分类归纳之后才会发挥作用。对科学数据的实际运用又需要设置一个放置账簿和记录等卷宗的房间①，并为计划制订者配备一张办公桌。在旧的管理方法下，所有的计划工作都是由工人完成的，是他凭个人经验而为；而在新的管理方法之下，这种工作必须由管理层按照科学的规则和制度来完成。原因在于，即使工人能够正确地研发出和使用科学的数据，他也分身乏术，不可能同时在办公桌旁和机器旁工作。很明显，在很多情况下，需要有一类人提前做好计划，而另有一类完全不同的人去执行。

在科学管理方法下，计划室里的人专司提前做计划，通过对工作的细分，最终找到能使工作做得更好、更加经济的方法，例如，在每一个技工的每一个操作之前，都应该由其他工人为其做好准备工作。这些都涉及前文所说

---

① 例如，一个普通的工厂在科学管理中使用的数据记录就会有上千页。

的"管理者和工人之间对工作以及责任有一个大致公平的分担"。

总结起来说就是:在"激励主动性"的管理方法下,实际上所有问题的解决都"依靠工人";然而在科学管理方法下,有一半的问题要"依靠管理层"来解决。

也许在现代科学管理中最突出的一个因素就是任务观念。每个工人的工作都由管理层至少在一天前做好计划,很多情况下,每一个工人都会得到一个完整的书面指示,细致描述他所要完成的工作以及他在工作中需要用到的方法。通过这种方式提前计划好的工作构成了一个需要解决的问题,就像之前说到的一样,这个问题不是由工人独自解决的,在几乎所有情况下都是由工人和管理层共同解决的。这项任务不只会详细说明要做什么,还会指明如何完成这项工作,以及完成工作的具体时间。只要工人在指定的时间里正确完成了他的任务,他就会得到他通常工资百分之三十到百分之一百的额外工资。这些任务的计划制订得非常仔细,所以工人在执行计划时需要认真细致地工作才能很好地完成任务。但是需要深刻了解的是，在任何情况下，都不能要求工人以伤害他们身体健康的速度工作。制订的任务要做到：胜任工作的工人可以长时间保持这个速度工作，他们会得到好的发展，生活幸福，更加富有，而不是劳累过度。科学管理的主要内容很大程度上就是任务的计划和执行。

笔者完全了解，可能对于本文的很多读者来说，把科学管理方法与之前的管理方法相区别的四个因素一开始听起来好像不过是唱高调。笔者重申，我不指望仅仅通过宣布这四个因素的存在就让读者相信其价值。我希望通过一系列实际例子的展示来让读者确信这四个因素的巨大力量和效果。首先，我要证明它们可以在从最基础到最复杂的所有类型的工种中应用；其次，一旦它们在实际中被应用，其效果一定会远远大于应用"激励主动性"的方法所产生的效果。

第一个例子是有关搬运生铁的，之所以选择这个例子是因为它非常典型，可能是工人操作中最初步也最基础的劳动形式。工人完成这项工作除了双手以外不需要其他任何设备。生铁搬运工只需弯下腰来，搬起一块重约 92 磅的生铁块，走几英尺或者几码的距离把它放到地面上，或者放在一堆生铁上。这项工作本质上是非常初步和基础的，以致笔者坚信可以把一个聪明的大猩猩训练成一个比任何人都高效的生铁搬运工。然而，接下来我会向大家展示，生铁搬运中的科学如此的高深，以至于最适合于生铁搬运这份工作的工人也不可能理解这门科学的原理，没有来自受过更好教育的人的帮助，他们甚至不可能依照这个规则进行工作。接下来的例子将会清楚地证明，在几乎所有的技术工艺中，每一个工人的操作动作背后的科学都是如此的深奥，以致非常适合这份工作的工人都不能理解这门科学（不管是因为教育的缺失还是智力水平的低下）。这是一个普遍的原理，本文列出的一个接一个的例子会充分揭示其正确性。在通过生铁搬运的例子展现科学管理方法的这四个因素后，笔者接下来会举例证明它们在不同类型工种中的适用性。开始列举的工种会很简单，然后逐步提高级别，结尾时候的例子所涉及的工种会比较复杂。

当笔者开始把科学管理方法介绍给伯利恒钢铁公司时，我们着手的第一份工作就是用任务作业来处理生铁搬运问题。西班牙战争爆发时，伯利恒钢铁公司在毗邻的工厂场地堆放着大约 8 万吨的生铁。当时生铁的价钱非常低廉，所以把这些生铁卖了也不会赚钱，因此，这些生铁就被储存下来。西班牙战争开始之后，生铁的价格就上升了，这一大堆的生铁就都卖出去了。这就给了我们很好的机会向工人、管理者和雇主展示，对于基础型的工种来说，与旧式的计时和计件工资制相比，任务作业具有巨大的优势。

坐落于美国宾夕法尼亚州的伯利恒钢铁公司曾是工业革命时期实力最强的公司之一。1995 年这家公司关张，其标志性的 285 英尺炼炉依然矗立。

伯利恒钢铁公司有五个高炉，多年来其产品都是由一组生铁工人负责搬运。当时，这一组人由 75 个工人组成。他们都是普通的生铁搬运工，由一个本来也曾是生铁搬运工的出色工头负责管理。整体来说，他们工作的速度和工资水平与当时其他的工厂相比不相上下。

堆放生铁的场地里，沿着一堆堆的生铁堆边缘铺设着一条铁路。一块平板斜靠在火车车厢的一边上，每个工人从生铁堆搬起一块重约 92 磅的生铁，走上斜板，把它丢在车厢里。

我们发现，这组人每人每天平均搬运大约 12.5 长吨生铁。经过研究，我们惊奇地发现，一流的生铁搬运工每天可以搬运 47 到 48 长吨生铁①，而远非 12.5 长吨。这个任务量对于我们来说很重要，所以在确信我们是正确的之前，我们对这一研究成果重复检验了很多次。然而，一旦我们确信 47 长吨对于一个一流的生铁搬运工来

---

① 见第 68 页的注释。

说是一个合适的日工作量，那么在现代的科学管理方法下，作为管理者，我们所面临的任务就变得非常清晰了。我们的任务就是确保这 8 万吨生铁以每个工人每天 47 长吨的速度而不是过去 12.5 长吨的速度装到车厢里去。而且我们进一步的责任就是，确保这么做的同时，不会引发工人的罢工和争执；同时确保工人在每天搬运 47 长吨生铁的情况下，比之前每天搬运 12.5 长吨的时候更加高兴，更加满意。

我们的第一步就是对工人进行科学的选择。在这种管理方法下与工人打交道时必须要坚持的一个固定原则就是，每次只和一个工人进行交谈或者打交道。因为每个工人都有自己的特殊能力和局限，也因为我们的目的不是要和一群工人打交道，而是想要让每个工人都达到最高效和最成功的状态。我们的第一步就是找到最合适的工人来开始工作。因此，在三四天的时间里，我们认真地观察和研究了这 75 个工人，最后选出了 4 个工人，他们表现出了可以每天搬运 47 长吨生铁的体力。我们接着又对这 4 个工人进行了仔细的研究。我们尽可能地查阅他们之前工作的历史,对每个工人的性格、习惯和志趣做了深入的调查。 最终我们从这4个工人中选出了一个最可能作为我们第一步研究对象的人。 他是一个来自宾夕法尼亚州的矮个子荷兰裔,我们看到他在晚上下班后一路小跑回到大约一英里以外的家,就像是早上跑去上班一样精神抖擞。 我们发现即使每天只赚到大约1.15美元的工资,他还是成功地买了一小块地,并在早上上班之前和晚上下班之后忙着垒墙,准备盖起一座小房子。 他在大伙眼中极其"抠门",也就是说,他对金钱看得非常重。 就像一个曾经和我们聊起过他的人说的:"对他来说,一便士就有一个车轮那么大。" 我们把这个人叫做施密特。 那么,我们所面临的任务就缩小为让施密特做到每天搬运47长吨生铁,并且让他乐于这么做。 我们是这么做的:我们把施密特从这组生铁搬运工中叫出来,

这是为"施密特"这个人物的原型亨利·诺尔(Henry Noll, 1871—1925)参与泰勒科学管理实验的纪录而立的纪念标物,现位于美国宾州的北安普敦县境内,纪念他于1899年创造了每天搬运45吨生铁(与泰勒书中记载略有出入)并提高日薪到1.85美元的历史纪录。

第二章 科学管理原理 047

和他这么说话——

"施密特,你是个高价的工人吗?"

"唔,我不明白你在说什么。"

"啊不,你明白。我想知道你是不是一个高价的工人。"

"唔,我还是不明白你在说什么。"

"哦,那好吧,你现在来回答我的问题。我想要知道的是你是一个高价的工人还是这些低价工人中的一员。我想知道的是你是否想要每天赚1.85美元,还是满足于自己和这些低价工们一样每天赚1.15美元。"

"我想不想要每天赚1.85美元?这就是一个高价的工人?那当然,我是一个高价的工人。"

"啊,你真把我惹火了。当然,你想要每天赚1.85美元,每个人都想!你很明白这并不能说明你就是一个高价的工人。看在上帝的份儿上,请你回答我的问题,别再浪费我的时间了。现在你过来,你看到那堆生铁了吗?"

"看到了。"

"你看到那节车厢了吗?"

"看到了。"

"好吧,如果你是一个高价的工人,你明天就把那些生铁装到那节车厢上,我们就给你1.85美元。现在清醒点,回答我的问题。告诉我你到底是不是一个高价的工人。"

"唔,如果明天我把那些生铁装到那节车厢上,就会得到1.85美元吗?"

"是的,当然是这样。在这一年里,如果你每天都能把那样的一堆生铁装进车厢,你每天都能得到 1.85 美元的工资。这才是一个高价工人所做的,你和我一样明白这一点。"

"好吧。我明天会把那堆生铁装到车厢里来赚 1.85 美元,并且以后每天都能这样,是不是?"

"那当然,那当然。"

"那好吧,我确定我是一个高价的工人。"

"等一下,等一下。你应该和我一样知道一个高价的工人要从早到晚按照要求工作。你之前见过这个人吗?"

"没有,我从来就没见过他。"

"好吧,如果你是一个高价的工人,你明天

就从早到晚严格按照这个人告诉你的去做。当他告诉你搬起一块生铁,开始走,你就搬起一块生铁,开始走。当他告诉你坐下休息,你就坐下来。全天你都要这么做。而且,不能顶嘴。因为一个高价的工人都遵照命令办事,不会顶嘴。你理解我所说的了吗?当这个人告诉你开始走的时候,你就开始走;当他告诉你坐下来的时候,你就坐下来,你不能和他顶嘴。那么你明天早上来这里工作,到了晚上我就知道你是不是一个真正的高价的工人了。"

这次对话似乎有点粗俗。如果对一个受过教育的技工甚至是一个聪明的工人讲这些话,的确是相当粗俗的。但是对于一个像施密特这样的智力迟钝的工人来讲,这样的对话并非刻薄,反而是恰当的。因为这样可以有效地把他的注意力集中在他想要的高工资上,让他不再考虑工作的艰苦。

如果使用一种"激励主动性"方法中所常用的方式来

和施密特谈话,他的回答又会是什么样的呢? 你像下面这样问他——

"施密特,你现在是一流的生铁搬运工人,你对你的工作很了解。你过去通常每天搬运12.5长吨的生铁。我对搬运生铁进行过仔细研究,我确信你每天能搬运比之前多得多的生铁。难道你不认为如果你真的愿意尝试的话,你每天的生铁搬运量可以达到47长吨,而不是12.5长吨吗?"

你觉得施密特会怎么回答这个问题呢?

搬运生铁块的工人们

施密特开始工作了。旁边监督他的人拿着表，让他从早到晚，正常作息。"现在搬起一块生铁，搬走。现在坐下来休息。现在搬走。现在休息"，如此等等。他在要求他工作的时候工作，在要求他休息的时候休息。在大约下午五点半，他已经把47.5长吨生铁搬运到了车厢里。实际上，笔者在伯利恒钢铁公司的三年里，他一直以这个速度完成分配给他的任务。在这段时间里，他每天的工资要稍高于1.85美元，而在此之前他每天的工资从来没有高过伯利恒钢铁公司占统治地位的工资水平——每天1.15美元。也就是说，与其他工友相比，任务作业下的施密特每天的工资要多出60美分。一个接一个的工人被选拔出来接受培训每天搬运47.5长吨生铁，一直到所有的生铁搬运工作都达到了这个速度，这些人得到的工资都要比周围其他的工人高出60美分。

笔者在上面已对构成科学管理实质的四个因素中的三个进行了简单的描述：第一，对工人的仔细选择；第二和第三是，先诱导然后培训和帮助这些工人来遵从科学原理工作的方法。到目前为止我们还没有提到搬运生铁的科学。然而，笔者相信，通过这些例子，读者会完全相信存在一门有关搬运生铁的科学，并进一步相信这门科学是如此深奥，以至于一个很适合生铁搬运的工人不可能理解这门科学，甚至在没有其他人帮助的情况下，工人也不能遵照这门科学来工作。

在1878年进入米德韦尔钢铁公司的机器车间工作之前，笔者曾经做过制模工和机械工的学徒。当时正处于1873年的大恐慌之后长期经济萧条的末期，经济环境非常不好，以至于很多机械工找不到专业对口的工作。正因为如此，我不得不放弃找一份机械工工作的念头，开始打日工。幸运的是，在我进入这个车间不久，这个车间里的一名员工被发现有偷窃行为。因为没有别的现成的员工，我又比其他的员工受到更多的教育（因为我曾经准备申请大学），所以我得到了这个员工的

美国第18任总统格兰特（Ulysses Simpson Grant，1822—1885），曾任美国内战时期的联邦军总司令，战功赫赫，也因此连续两次出任美国总统，但治国理政成绩平平，第二任内（1873年）美国出现经济大恐慌。

职位。之后不久,我成了一个操作机床的机械工。因为我能比操作同样机床的机械工生产出更多的产品,几个月后,我成了负责这些机床生产的领班。

米德韦尔钢铁公司车间

在过去几年里,这个车间里几乎所有的工作都是按件记工的。事实上,和当时的通常情况,而且和美国如今许多工厂里的通常情况一样,这个车间其实是由工人而不是老板来运作的。这些工人一块儿仔细地计划出这些工作应该以何种速度进行,他们为工厂中的每一台机器设定了速度,这个速度被限定在每天最佳工作量的三分之一。每一个新工人一进工厂,就会有其他工人告诉他,他要从事的每一种工作的精确工作量，一旦他违背这些限定，他肯定很快就会被这些工友排挤出去。

在我成了领班之后，工人们就一个接一个地过来和我说类似下面这些话——

"弗雷德，我们很高兴你被提升为领班。你了解我们的游戏规则，我们确信你不可能成为一个只会计件的蠢猪。你和我们保持一致，就不会有什么问题，但是如果你打破了我们的速度，我们一定会把你扔到墙外边去的。"

我明确地告诉他们，我现在站在管理者一边，会尽可能地让机床生产出其应该产出的工作量。这立即引发了一场战争。由于我与我所管理的工人在私底下都是朋友，所以很多情况下这是非暴力的战争，但依然是战争，这场战争随着时间的推移变得越来越激烈。我用尽各种方法让这些工人每天完成合理的工作量，比如说：解雇那些拒绝改进的顽劣工人或者降低他们的工资；降低计件工资标准；雇佣没有工作经验的工人，亲自教他们如何工作，并且让他们承诺一旦掌握了工作方法就得全力地工作。这段期间，工人们不断给已经提高产量的工人施加压力（来自于工作中或者工作之外），最终使这些增加产量的工人被迫像其他人一样按照之前的产量工作或者辞职。没有过这种经历的人是不会体会到陷入这种斗争所带来的痛楚。在这种斗争中，工人有一种通常很有效的对策。他们利用自己的聪明才智设计了各种各样的方法来使他们操作的机器因为意外或者正常的工作原因而坏掉或者损毁。这经常成为他们用来对付工头的一个借口，他们会说工头强迫他们超负荷地操控机器，以致机器被过度使用，发生故障。很少有工头能够顶住来自车间所有工人的强大压力。在这种情况下，工厂日夜开工这一事实让机器损坏的问题变得更加复杂。

然而，我有两个普通工头所不具备的优势，说来奇怪，这两个优势来自于我本人并不是出身于一个工人家庭。

第一，由于我的父母碰巧不是工人，公司的老板相信与其他工人相比，我在内心里更关心工厂的利益。因此与那些我所管理的机械工相比，公司老板更相信我的话。所以，当这些机械工向主管人员报告因为一个不称职的工头的过度使用，机器就要被损坏了，而我说这些工人因为对计件工资的争议而蓄意毁坏他们的机器时，主管人员会相信我的话，允许我对这些"蓄意的破坏行为"采取有效的应对措施，即："这个车间不允许机器再次出现故障。如果机器的任何部分出现了故障，负责这部机器的工人必须要赔偿至少一部分的修理费用，通过这种方式得到的钱款将交给互助协会，用来帮助生病的工人。"这一措施很快就消除了蓄意毁坏机器的行为。

第二，如果我曾经是这些工人中的一员，在这些工人所生活的地方生活过，他们就会带给我一些社会压力，我就不可能站出来与工人为敌。我每次上街都会被称作"工贼"，或者其他的一些侮辱性的称呼，我的妻子可能会受到辱骂，我的孩子可能会被别人家的孩子扔石头。有一两次，我的工人朋友奉劝我不要走着回家，我的家离工厂有 2.5 英里远,要通过一条在铁路旁边的偏僻小路。有人告诉我,如果我继续这么做的话,我的生命就会有危险。然而,在所有这些情况中,表现出一丁点的胆怯都会增加危险而不是减少危险,所以我让这些人对工厂里的其他人说,我打算每天沿着铁路走回家;我过去没有携带,将来也不会携带任何武器;他们尽可以开枪⋯⋯

经过三年的这种斗争之后,机器的产量有了实质性的提高,在很多情况下提高了一倍。因此,我从一个工种的工头被提升到另一个工种的工头,最后被提升为整个车间的负责人。然而,对于任何一个思维正常的人来讲,这种成功绝对不能补偿我与周围所有工人之间被迫维持的恶劣关系。与其他人不断斗争的人生并不值得追求。我的工人朋友不断地找到我,他们以一种私下的、友好的方式问我,如果为了他们的最佳利益,我是否还会建议他们增加产出。作为一个说实话的人,我不得不告诉他们,如果站在他们的角度,我会像他们一样反对增加产量。因为在计件作业的机制下,虽然他们被迫要更加努力工作,但是他们不会得到比之前更多的工资。

在被提升为车间负责人之后不久,笔者决定尽最大的努力在某些方面对这个管理机制进行改进,这样的话,工人的利益和管理层的利益就会由对立变为一致。这一决定就导致了大约三年后一种新的管理方法的诞生。我在向美国机械工程师协会提交的名为《计件工资制》和《工厂管理》的文章中,详细地论述了这一管理方法。

在着手建立这一管理制度的过程中,笔者意识到,阻碍工人和管理层之间和谐合作的最大障碍就在于,管理者对工人每天工作中真正的最佳工作量一无所知。笔者充分意识到,尽管我是车间的负责人,但是我所管理的工人具有的知识和技能加起来是我自己所具有的知识和技能的十倍之多。我得到当时米德韦尔钢铁公司总裁威廉·塞勒斯先生的允许,花一部分经费对各种不同工种所需要花费的时间进行仔细而科学的研究。

威廉·塞勒斯(William Sellers,1824—1905),19世纪的美国机械工程师、著名企业家和发明家。1873—1887年任米德韦尔钢铁公司总裁。

塞勒斯先生对这件事情的允许在某种程度上更多的是对笔者作为一个车间负责人能够增加工人产量的一种奖励，而不是因为其他的原因。他曾经说过，他并不认为任何这种科学研究会有多大的价值。

在这段时间进行的多项调查研究中，有一项是想要找到一些规律和规则，这些规律和规则能使工头提前了解，对于任何一种强度的体力劳动来说，一个胜任这份工作的工人每天可以达到多大的产量；也就是说，研究任何高强度劳动中一流工人的疲劳程度。我们的第一步就是雇一个年轻的大学毕业生去查找这方面的有关资料，包括英文的、德文的，还有法文的。主要进行两种类型的实验：一种是生理学家研究人类的耐受性，另一类是工程学家研究人的劳动力相当于多少马力。这些实验的对象大多是搬动悬挂重物的吊车曲柄的搬运工人，以及其他涉及走路、跑步或者其他方式搬运重物的工人。这些调查的记录残缺不全，从这些记录里推导不出任何有价值的规则。因此，我们自己开始了一系列的实验。

我们选了两个一流的工人，他们两个都强壮有力，并且沉稳踏实。这两个人在实验期间得到的是双倍的工资。我们告诉他们,在任何时候他们都必须尽全力工作,我们会一次次地进行测试,看他们有没有磨洋工,他们中不论哪一个人想要欺骗我们,立即就会被解雇。他们在被观测的全部时间里一直在尽最大的努力工作。

现在,大家需要清楚了解的是,在这些实验里,我们想要得到的并不是一个工人在短时间内的突击,或者在几天内所能达到的最高产量,我们想要真正了解的是一个一流工人的真实日产量,一个工人能够年复一年健康保持的最佳日产量。在那个控制实验的年轻大学毕业生的观察之下,这两个工人每天要完成各种类型的任务。这个大学毕业生在观察的同时,会用一个秒表记录下这两个工人的所有动作花费的时间。一切与工作相关且我们认为会对结果产生影响的因素都被仔细地记录下来并进行研究。我们最终想要决定的就是一个人能够产出多少马力的劳动力,也就是,一个工人每天所做的功有多少尺磅。

在完成这一系列实验之后,我们就把每个人每天的工作转化成了以尺磅为单位的能量（功）。令人惊奇的是，我们发现在工人每天做的功和他工作的疲劳程度之间没有恒定的或者说始终如一的关系。在有些种类的工作中，工人做不到八分之一马力的功就会筋疲力尽，在做其他种类的工作时，他做二分之一马力的功也不会达到这种劳累程度。因此，我们没有找到任何规则或者规律，来明确地指导我们得出一流工人每天工作的最大产量。

我们获得了大量非常有价值的数据，这些数据让我们知道，对于很多工种而言，什么才是一个合适的日工作量。然而，在当时，继续增加经费用来寻求我们想要得到的确切的规则貌似不是一个明智之举。几年之后，当我们有钱来达成这一目的时，我们进行了第二个系列的实验。第二个系列的实验和第一个系列相似，只是更加彻底和深入。就像第一个系列一样，第二个系列的实验也得到了有价值的信息，但还是没能研发出一个规则。接着，几年以后，我们又进行了第三个系列的实验。这一次我们不遗余力，全面而细致地进行了实验。每一个可能影响这个问题的细小因素都被记录下来，并进行了仔细研究。两个大学生在这个实验上花了三个月的时间。 当这些数据同样被转化为每个工人每天所做的以尺磅为单位的功之后，我们就得出很清楚的结论，即每个工人所做的功（也就是，每天产出多少尺磅能量）和这个工人工作的疲劳程度没有直接关系。 然而，笔者仍然像之前一样坚信，存在着确定和明确的规则，这个规则决定了一个一流工人每天的最佳工作量。 我们的数据都是认真搜集和记录的，我确信这些记录中包含有一些重要的信息。 从这些搜集到的数据中总结出规则的难题被移交给了卡尔·巴斯先生，他是我们当中最好的数学家。 我们决定用一种新的方法来研究这个问题，绘制图表和曲线来代表工作中的每一种因素，这就能让我们对每一种因素有一个概括性的了解。 在相对很短的时间里，巴斯先生就发现了一流工人在高强度劳动中的疲劳程度的规则。 这个规则在本质上是非常简单的，以至于在过去几年里竟然没有人发现它，没有人明确地了解它，这让人觉得着实出乎意料。 我们发现的规则如下：

这个规则仅限于这样的工种，即其工人因为筋疲力尽，从而能力达至极限。 这个规则适用于高强度劳动，相当于拉重货的车马的劳动，而不是轻便车马的那种劳动。 实际上，所有这些工作都是由胳膊用力拉或者推来完成的，也就是说，工人通过提起或者推出手中所抓的物体来释放力量。我们发现的规则就是，对于工人用胳膊做的每一个设定的推或者拉的动作来说，其每天处于承载状态的时间只占一定的比例。例如，搬运生铁的时候（每块生铁重 92 磅），一天中，一个一流工人承载生铁的时间只占全天时间的 43%。在这一天的其他 57% 的时间里，他都不是处于承载状态。当搬运的物体变轻的时候，一个人每天处于承载状态的时间就增加了。既然这样，那么如果这个工人搬运重 46 磅的半块生铁，他每天会有 58% 的时间处于承载状态，只有 42% 的时间用来休息。随着物体重量的减轻，工人可以保持每天处于承载状态的百分比也在上升，直到最后，我们得到一个重量，他可以一天里都承载这个重量而不需要休息。当达到这一点的时候，这个规则就不能对我们研究一个工人的耐受力起指导作用，我们需要找到其他的反映工人工作能力的规则。

当一个工人手里搬着一个重达 92 磅的物体时，因为胳膊上的肌肉不管他运动与否都处于相同的紧张状态，所以不管他原地站立还是搬着这块生铁走，疲劳程度是一样的。然而，一个负重的人在原地站立时没有做任何的功，这个事实说明了为什么在很多高强度工作中，工人所做的以尺磅为单位的功与这个工人的劳累程度没有固定的关系。 同样，在所有这类高强度工作中，每隔一段时间，就让工人的手臂完全不承载物体（为了让工人休息）是必要的。 在工人承载沉重物体的时候，他的肌肉组织处于衰退的过程，所以，时不时地休息是必要的，这样他的血液才有机会把肌肉组织修复到正常状态。

现在，让我们回到我在伯利恒钢铁公司研究的生铁搬运工身上去。 如果没有了解生铁搬运的科学和艺术的人的指导和帮助，施密特就一个人冲过去搬运这堆47吨重的生铁，那么由于他心中对高工资的渴求，他坚持到一天的十一点或者是十二点钟就会累坏了。 他可能会一直工作，这样他的肌肉就不能得到恢复正常状态所必需的适宜时间，他在一天中很早的时候就会完全累垮。 然而，通过一个了解这个规则的人每天站在旁边指导他工作，直到有一天他养成了在固定时间休息的习惯，他就能够一整天都按照一个平稳的节奏工作，而不会让自己过度劳累。

一个适合于把搬运生铁作为正常职业的工人必须要具备的首要条件就是，他既迟钝又温和，头脑像牛一样简单。正因如此，那些思维敏捷、头脑聪明的工人完全不适合这份工作，对于这些人来说，这种工作的沉重和单调简直就不可忍受。因此，真正适合搬运生铁的工人是不能理解从事这种工作所包含的科学的。他是如此的迟钝，以至于"百分比"这个词对他来说毫无意义。所以他必须接受一个比他聪明的人的培训，养成按照科学规则工作的习惯，他才能成功地胜任这份工作。

笔者相信现在可以搞清楚的是，即使是在大家所知道的最初级形式的劳动中也存在科学。一旦准确地选择了最适合做这种工作的工人，研究出这一类工作中的规则，而且选择出来的最适合的工人经过训练可以遵守规则进行工作，那么所得到的结果必定会远远超出"激励主动性"的方法所产生的结果。

然而，我们还是回到生铁搬运工人这个例子，看看在通常的管理方法下，是不是真的不可能得到相同的结果。

笔者曾经向很多优秀的管理者提出过这个问题，问他们在奖励工资制、计件工资制，或者是其他任何的普通管理方法中，有没有哪种方法可以让工人每天搬运大约47（长）吨生铁①，没有一个管理者认为，有哪个工人在普通的管理方

---

① 很多人询问我一流的工人每天可以从地上往车厢上装47.5（长）吨生铁这一数据的精确性。因此，对于心存怀疑的人，请参考以下与这项工作有关的数据：

第一，我们的实验表明了以下规则的存在：适合从事生铁装卸这类工作的一流的工人，一天里只有42%的时间处于承载状态，有58%的时间是空闲的。

第二，一个工人把堆在露天场地上成堆的生铁装到这些生铁堆旁边铁轨上的车厢里，每天可以搬运（他们的搬运非常规律）47.5（长）吨（每长吨合2240磅）生铁。

搬运这些生铁所付的工资是每吨3.9美分，达到这个速度的工人平均每天可以得到1.85美元，然而，在过去他们的工资仅为每天1.15美元。

除了这些，还有以下事实：

每天搬运47.5长吨生铁相当于每天搬运106,400磅生铁。

按照每块生铁92磅计算，相当于每天搬运1156块生铁。

每天有42%的时间处于承载状态，相当于600分钟乘以0.42，也就是有252分钟处于承载状态。（转下页）

法下可以搬运 18 到 25（长）吨生铁。大家都会记得，伯利恒钢铁公司的工人每人每天只能搬运 12.5（长）吨生铁。

———————

（接上页）

252 分钟除以 1156 块生铁，也就是搬运每块生铁需要 0.22 分钟。

一个生铁搬运工人走路的速度是 0.006 分钟每步。生铁堆距离车厢的平均距离是 36 英尺。然而事实是，很多生铁搬运工人一到了斜板的地方，就会搬着生铁跑上去。他们中的很多人在卸下生铁之后也会顺着斜板跑下来。所以当真正进行搬运的时候，他们中的很多人比以上给出的数据还要快。

现实中，在搬运 10 到 20 块生铁之后，工人会接到命令休息一会儿，通常是坐下来休息。休息的时间不包含在他们从车厢走回到生铁堆的时间里。很多对搬运生铁的数量产生怀疑的人没有意识到，当工人从卡车走回来的时候，他们并没有搬东西，是没有任何承载的，因此在这段时间里，他们的肌肉已经得到了复原的机会。我们需要注意，在从车厢到生铁堆平均 36 英尺的距离里，工人每天处于承载状态所走过的路程是 8 英里，还有 8 英里是没有搬运生铁的。

任何对这些数据感兴趣的人都可以用各种不同的方法对每个数据进行加减乘除，他会发现上面所说的所有事实都经得起验证和推敲。

然而，让我们更细致地研究一下这个问题：在对工人进行科学选择时，这 75 个工人中，实际上只有 1/8 的人拥有每天搬运47.5（长）吨生铁的体力。即使是怀着最好的动机，剩下的 7/8 的工人在体力上也做不到按照这个节奏工作。在通常的管理方法下，这 1/8 的可以胜任这份工作的工人与这群工人里的其他人相比没有任何的优越性。他仅仅碰巧是那种像公牛一样能干的人，这种人并不罕见，也不难找到，因此，也不会被人看重。相反，这种工人是如此的迟钝，他们甚至干不了大多数其他种类的工作。那么，对这种工人的选择并不意味着找一些超常的人，而仅仅是从一群普通人中挑选出特别适合这种工作的几个人。尽管在这一群人里只有 1/8 的人适合这份工作，我们想要找到我们需要的非常适合这个工作的全部工人也是毫无困难的，有些人是从工厂内部找到的，其他的人是从邻近的乡村找来的。

在"激励主动性"这种管理方法下，管理者的态度是"把工作分配给工人完成"。那么可能会发生什么情况呢？在过去的管理方式中，这些生铁搬运工人会进行自我选择吗？他们可能会解雇 7/8 的工友，只留下 1/8 的工人吗？不会！绝对不会有任何方法能够让这些工人对自己进行适当的选择。尽管为了得到高工资，他们完全会意识到这么做的必要性（事实上，他们绝对没有足够的聪明才智来领悟这种必要性），但是工作在他们身边的朋友或者兄弟可能会因为不适合这份工作而被开除这个事实会阻止他们进行自我选择。也就是，他们不会把 7/8 的不适合生铁搬运工作的工友开除出去。

下面要谈到的是，在过去的管理体制下，引导生铁工人（经过合适的挑选之后）按照高强度体力劳动的科学法则来工作的可能性，换句话说就是，在工作一段时间后，在科学的时间间隔中进行休息。就像前面所指出的，普通管理方法的根本观念就是每个工人的技术水平都要比管理者在这一领域的技术水平高，因此，有关工作应该如何进行的细节问题都由工人决定。科学管理的观点是，由工人以外的人制定科学规则，并挑选出一个个的工人，由一个能力卓越的教师对他们进行训练以养成新的工作习惯，最后他们能够持续地、习惯性地按照科学的规则工作。 这种观点与之前那种每个工人都可以控制和调解自己工作的观点是直接对立的。 除此以外，适合于生铁搬运工作的工人太过迟钝，不能自己培训自己。 因此，我们会看到，在普通管理方法指导下，研发科学规律来代替经验法则，对工人进行科学选择，引导工人按照这些科学的管理原理工作，都是完全不可能的事情。 这是因为在过去的管理哲学中，把全部责任都推给了工人，而新的科学管理的哲学则要求管理层承担大部分的责任。

因为有7/8的工人要失去工作，很多读者会产生同情的心理。 而几乎所有这些失去工作的人立即在伯利恒钢铁公司找到了其他的工作，所以这种同情心是不必要的。 我们应该了解，把这些人从他们不适合的生铁搬运岗位上解雇是帮助他们找到适合自己的工作的第一步，他们在经过培训之后，会在适合自己的岗位上工作得更加长久，得到更高的工资，所以对他们来说，把他们从生铁搬运的岗位上解雇，是一个善举。

尽管读者可能会相信在生铁搬运这一工作中存在着

某种科学,但是他们非常可能还会怀疑在其他类型的工作中是否真的也存在科学。本文的一个重要目的就是让读者相信,每个工人的每个简单的操作都可以推导出一门科学。为了让读者完全相信这个事实,笔者会从手头上成百上千个例子中选出几个简单的例子来证明这一事实。

例如,一般人会怀疑是否铲装作业中也存在着科学。毫无疑问,如果本文任何一位聪明的读者执意想要找到所谓的铲装作业中所蕴含的科学基础,经过大概15到20小时的考虑和分析,这位读者就一定会领悟到这门科学的真谛。然而在另一方面,经验法则现在还处于主导地位,我至今都没有见过一个铲装作业承包商真正意识到铲装作业中所蕴含的科学。这门科学其实非常容易领悟,甚至几乎就是不证自明的。

对于一个一流的铲装工人来说,他要达到每天最大的工作量就有一个每铲的装载量,也就是他每铲铲装的重量。一个一流铲装工人的每铲装载量达到多少才会使产量提高呢?是5磅?10磅?15磅?还是20,25,

30，或者是 40 磅？ 这个问题只能通过准确的实验来解决。 首先要挑选出两到三名一流的铲装工，付给他们额外的工资，让他们可靠地工作。 接下来的几周里，逐渐改变这些工人的每铲装载量，并由具有实验经验的人对工作中的所有相关情况进行观察。 我们发现，一流的工人每铲的装载量为 21 磅时，每天的工作量最大。 例如，一个工人以每铲 21 磅的装载量工作的时候，其日工作量要比每铲装载量为 24 磅或者 18 磅的时候更高。 当然，显而易见的是，没有工人能够总是保持每一铲都正好铲装 21 磅。 尽管如此，虽然铲装工每一铲的装载量总会有 3 到 4 磅的变化，不是比 21 磅高就是比 21 磅低，但是当他每一铲的平均装载量是 21 磅的时候，他的日工作量最高。

笔者并不希望读者认为这就是铲装工作中所包含的科学或艺术的全部。 还有很多其他因素共同构成了这一科学。 但是笔者仍希望指明这一部分科学知识在铲装工作中的重要作用。

例如，在伯利恒钢铁公司的工厂里，我们就遵守了这一规则，我们没有让每个铲装工自由选择自己的铲子，而是准备了八到十种不同的铲子，每一种铲子都适用于一种特定类型的材料，这么做不只是为了让每个人都达到21磅的平均装载量，还能使铲子符合其他的几点科学需要。当对这一工作进行科学研究之后，这些需要就变得非常明显。我们建了一个大的铲装工具间，这个工具间里不仅仅放置了铲子，还储存了精确设计的标准化的各种劳动工具，比如镐、撬棍等。这样，不管哪个工人要铲什么，他都会有一个装载量为21磅的铲子：例如，铲矿石就用一个小铲子，铲灰就用一个大一点的铲子。铁矿石是需要铲装的较重的一种材料，而碎煤由于在铲子上非常滑，是最轻的一种。在对伯利恒钢铁公司的经验法则进行研究中发现，公司里的每一个铲装工都有自己的铲子，这样他在铲矿石的时候，每铲可以铲30磅，到了铲碎煤的时候，用同样的铲子只能铲不到4磅。有时候，铲装工每铲的装载量太大了，以至于他不可能干满一整天。而有的时候他每一铲的装载量又太轻，以至于他肯定达不到一天应该有的工作量。

下面就简单地介绍一些构成铲装科学的其他因素。我们使用秒表进行了上千次观察，研究了在配备合适的铲子的情况下，一个工人挥动铲子，从材料堆里铲上适当装载量的材料，并把铲子从材料堆拉出来的速度能有多快。首先观察到的是把铲子伸进材料堆里，接着看到的是一个脏脏的铲子底，也就是材料堆的外部边缘，然后就是木头把手，最后是铲子的铁头。我们还对把铲子拽回来，把铲子上承载的材料以指定的高度扔到指定距离的位置所需要的时间进行了类似的精确测量和研究。这回我们的研究针对的是各种高度和距离的组合。有了以上所得的数据，加上之前对生铁搬运工人研究所得的关于工人耐受力的规则，很明显，这些指导铲装工的人就能够先教会即将被雇佣的铲装工他们可以发挥自己最大优势的方法，继而能够据此给他们安排每天的工作任务。这种安排要非常合适，以使工人只要能够成功完成当天的任务，就能够得到高额的奖金。

当时伯利恒钢铁公司大约有 600 个铲装工以及类似工种的工人。这些人分散在一个大约两英里长、半英里宽的院子里工作。为了使每个工人都获得开始新工作所需要的合适工具和指导，非常有必要建立一个指导他们工作的细致制度来代替之前那种把他们分成几个大组，或者几大群，在几个工头的监管下工作的制度。每个工人早上来上班后，都会从自己专用的标有他号码的文件架上取出两张纸。第一张纸上写着他将要从工具间领到什么工具以及在什么地方工作，第二张纸上写着他以前工作的历史记录，也就是对他之前所做工作的描述以及他之前的工资水平等信息。这些工人中很多人是外国人，没有读写能力，但是他们扫一眼就能了解这些纸片的实质内容，因为黄色的纸表明这个工人之前没有完成他的全部任务，说明他没有达到每天 1.85 美元的工资水平。只有那些高价的工人才能一直呆在这个工作组里。这也进一步表明，他在接下来的日子里应该赚到全额工资。所以，每当他们得到了白色的纸，他们就知道一切顺利，而每当他们看到黄色的纸，他们就会意识到他们必须做得更好，否则他们就要被迫转而从事其他种类的工作。

用这种方法，把每个工人看做单独的个体来对待就需要建立一个劳工办公室，让负责人和负责这一工作的文员使用。在这个办公室里，每一个工人的工作都提前被计划好了，文员按照摆在面前的精细的图表和工场院子的地图指挥工人在工场院子里转移工位，看起来就像在棋盘上操纵棋子一样。为了达成这一目的，我们还安装了电话，建立了信使系统。在之前，会有很多工人挤在一个工位上，而其他工位上的工人又少得很，加上工作之间存在等待，就浪费了很多时间。通过现在这种方法，大部分的时间浪费都可以被避免。在过去的管理机制里，工人日复一日地集合成相对较大的组工作，每一个组由一个单独的工头负责。因为每个组必须保持足够多的人数来应对他们的生产专线上可能会出现的各种类型的任务，所以不管手头所面对的具体工作是多还是少，每个组的人数规模都大体上保持不变。

当我们不再以群或组的方式管理工人，而要转为研究每一个工人个体的时候，如果工人不能完成他的任务，就需要有一位有能力的老师来教他如何工作才能做得最好，这些老师还要指导、帮助和鼓励他，同时进一步研究他是否适合当一名工人。在这种计划下，每一个工人都被个体化对待，而不是粗暴、严苛地把那些仅有一次没有完成工作的工人解雇，或者扣减他们的工资。我们给工人以所需的时间和帮助，让他能够胜任现在的工作。如果他在智力和体力上都不适合这份工作的话，我们就把他分配到另外更适合他的工种上去。

所有这些都要求管理层善意的合作，与过去成群结组的工作方式相比，这涉及更加精细的组织和机制。在这种情况下，这个组织包括如下几类人员：一类是上面提到的通过时间研究总结出劳动科学规则的人；另一类是老师，他们本身又是技术熟练的工人，在其工作中对其他工人进行帮助和指导；再一类是工具间的工人，他们负责整理工具，为工人提供合适的工具；还有一类是文员，他们提前做好工作计划，花最少的时间把工人从一个工位调配到另一个工位，并专门记录每一个工人的工资，等等。这种人员配置就是我们称之为管理层和工人之间进行合作的最基础例子。

自然会出现的一个问题是，这样的一个精细的机构在经济上划得来吗？这样的一个机构会不会头重脚轻，管理人员过多？对于这个问题的最好回答就是我们在这个计划指导下第三个年头的工作成果：

工场院子里的工人人数从400到600人下降到了140人。

每个工人平均每天的搬运量从16（长）吨上升到了59（长）吨。

每人每天的平均工资从1.15美元涨到了1.88美元。

搬运每（长）吨也就是2240磅货物的成本从0.072美元下降到了0.033美元。

每（长）吨0.033美元的低成本包括了办公室和工具间的支出，以及所有负责人、工头、文员、时间研究人员等的工资。

在这一年里，新计划比旧计划节约的资金总共达到了36417.69美元。在之后的半年里，工场院子里所有的工作都采用了任务作业的方法，节约资金达到了每年75000到80000美元。

也许在所有的结果中最重要的一个就是对工人本身产生的影响。一个对这些工人生活状况的研究发现，在这140名工人中，据说只有两个人是酒徒。当然，这并不是说不会有人偶尔喝酒。事实是，一个长期饮酒的人不可能保持我们设定的工作节奏，所以在现实中他们几乎都不喝酒。不能说是大多数，但他们之中很多人都在存钱，而且他们所有人的生活都比过去有所改善。这是笔者见过的被挑选出来的最优秀的一批工人，他们把那些管理他们的人也就是他们的老板和老师看成是最好的朋友，而不是强迫他们超额劳动并只给他们一般性工资的剥削者，因为这些老板和老师帮助他们并培训他们，让他们得到了比之前更高的工资。任何人都完全不可能在这些工人和他们的老板之间挑起争端。通过这个简单的例子，就可以有效证明"在确保雇主财富最大化的同时实现雇员的财富最大化"这两大管理学基本目标的意义。很明显，这个结果是由对科学管理的四大基本原则的应用而带来的。

另一项研究揭示了对影响工人每天工作的动机进行科学研究的价值所在。当工人以集合成群组的方式工作而不是作为个体被培训时，他们的进取心和主动性就会减少和丧失。有一个精确的分析表明：当工人被集合为群组时，组里每个人的效率都远远低于当他的个人进取心被激发出来时的效率；当工人在一个群组里工作时，他们的个人效率几乎无一例外地降低到比这个组里效率最低的人还要低的水平；通过集合到一起，他们的工作效率非但没有提升，反而都被拉了下来。正是这个原因，伯利恒钢铁公司制订了一个通行的规则，即，未经工厂总监签字特批，四个以上的工人不能集合成一个组来工作，而且总监的特批只在一周内有效。我们尽可能给每个工人分配独立的任务。因为这个钢铁公司有大约 5000 名工人，总监有很多工作去做，所以几乎没有时间签署这样的特批。

这样一来，小组作业就被废除了，通过精确的选择和单独的科学培训，我们培养出了一组异常优秀的矿石铲装工。每天，他们每个人都被分配到不同的运输车，他们的工资由各自的工作量决定。卸下最多矿石的工人得到最高的工资，对每个工人个别对待的重要性通过这种不寻常的机会展现出来。这些矿石很大部分来自苏必利尔湖地区，同样的矿石被几乎完全一样的汽车分别运送到匹兹堡和伯利恒。匹兹堡缺少矿石搬运工，听说伯利恒培训出了一群合适的工人，匹兹堡的一个钢铁公司就派了一个代理人来雇佣伯利恒的工人。用相同的铲子，从相同的车子上卸载相同的矿石，匹兹堡的钢铁公司给出的工资是每吨 4.9 美分，而在伯利恒，卸载相同矿石的工资是每吨 3.2 美分。经过对这种情况的仔细考量，我们发现在伯利恒卸载一吨矿石的工资高于 3.2 美分是不明智的，原因在于，在这个工资水平上，伯利恒的工人每人每天的工资可以略微超过 1.85 美元，这个工资水平比伯利恒周边普遍工资水平高出大约 60%。

一系列的实验以及仔细的观察均表明，当这一水平的工人接受经过仔细衡量计算过的任务时,虽然他们一天的工作量会很大,但作为辛苦工作的结果,他们的工资要比通常高出60%。这种工资上的增长往往不仅仅让工人更加节俭,而且会让他们在各个方面变得更好。他们的生活会有所改善,开始存钱,头脑变得更加清醒,工作更加稳定。另一方面,当工资增长远远超出60%的时候,他们中的很多人会不那么有规律地工作,常常会变得有点懒惰,过度挥霍,游手好闲。换句话说,我们的实验显示,对大多数工人来说致富的速度不能太快。

正是这个原因,在决定了不再为我们的铲装工人增加工资以后,我们每次叫一名工人单独到办公室,并对他们讲类似这样的话——

"帕特里克,现在你已经向我们证明了你是一个高价工人。你每天能赚到1.85美元多一些,你正是我们的矿石铲装队所要找的那种人。匹兹堡来的人可以给你提供每吨矿石4.9美分的工资,而我们能提供的工资只有每吨3.2美分。因此，我觉得你最好跟这个人去匹兹堡工作吧。当然，你知道我们很不愿意你离开我们，但是你已经证明了，你是一个高价的工人，我们很高兴你有这个赚大钱的机会。然而，你一定要记住，在将来的任何时候，一旦你没有工作了，你可以随时回来。我们这里永远为像你这样的高价工人留着位置。"

几乎所有的矿石铲装工都会听取这个建议去匹兹堡，但是在大约六周的时间里，他们几乎都又回到了伯利恒，继续按照每（长）吨 3.2 美分的工资卸载矿石。我曾经在一个工人回来后，和他进行了如下对话——

"帕特里克，你怎么又回来了？我还以为我们失去你了呢。"

"哎呀，先生，我来告诉你是怎么回事儿吧。当我们到那儿以后，我和吉米及其他八个人被安排到一辆车上。我们就像之前在伯利恒干的一样开始铲矿石。大约半个小时后，我发现我旁边的一个小混蛋几乎什么也没干，所以我对他说，'你为什么不干活啊？我们要是不把这车矿石卸完就拿不到今天的工资。'他转过来对我说，'你管得着吗？你是谁啊？'我说，'好吧，我是谁和你没关系。'可这个小混蛋站到我面前说，'你少管闲事，否则我就把你扔到车下面去！'就这样，我本来应该吐口吐沫把他淹死，但是我发现其他人都放下了铲子，看上去好像要帮他一样；所以我转向吉米，对他说（也让大伙都能听到），'好吧，吉米，现在这个小混蛋铲一铲子，咱们就铲一铲子，绝不多铲一下。'于是我和吉米看着那个小混蛋，他铲我们才铲。——等到发薪水那天，我们的工资要比在伯利恒少。之后我和吉米找到老板，让他和伯利恒一样为我们单独安排一辆车，但是他告诉我们别瞎操心。等到下一个发薪日，我们的工资还是比在伯利恒的时候少，所以我和吉米就把所有从伯利恒到匹兹堡去的伙计都集合到一起，带大家一起还回到您这里工作啦。"

当每个人独立工作的时候,这些工人按照每吨3.2美分的标准得到的工资要比他们在小组作业中按每吨4.9美分得到的工资高,这又一次说明,即使是遵从最基本的科学管理原则,也会得到巨大的收获。但同时这也表明在应用最基本的原则时,管理层在与工人的合作中有必要分担工作责任。匹兹堡的管理者只知道伯利恒所取得的结果,却不愿意承担提前计划所涉及的困难和开支,不愿意给每个铲装工人分配单独的车辆,不愿意分别记录每个工人的工作量,不愿意按照工人所干的活付工钱。

弗兰克·吉尔布雷斯（Frank B. Gilbreth, 1868—1924），科学管理的早期倡导者之一,"动作研究"的先行者,后被其儿子和女儿写入《儿女一箩筐》(Cheaper by Dozen)一书中,后为美国20世纪福克斯电影公司拍成同名喜剧影片,成为其中著名的主人公。

砌砖是最古老的一个工种。过去几百年里,这一行当都没有在工具或者材料方面或者是砌砖的方法上取得改进。尽管有上百万的工人从事这个行业,但是很多代的工人都没能对此有所改进。有人认为通过科学的分析和研究也不会有改进的希望。弗兰克·吉尔布雷斯先生是我们协会的一位会员,他在年轻的时候曾经学过砌砖,现在对科学管理原理产生了兴趣,决定把科学管理原理应用到砌砖工作中去。他对砌砖工人的每一个动作都进行了细致的分析和研究,把不必要的动作一个一个地剔除,用快速的动作代替慢的动作。他对在任何方面影响砌砖工人劳动速度和劳累程度的细微因素进行了实验。

他研究出了砌砖工人的每一只脚相对于所砌的墙、灰浆斗以及砖堆应该放置的准确位置,让工人不必每砌一块砖就要走一到两步到砖堆取砖再返回来砌砖。

他研究出了灰浆斗和砖堆的最佳高度,之后设计了上面有一个桌子的支架(脚手架),所有的材料都放在桌子上,这样就使得砖、灰浆、工人和墙处于相对合适的位置。随着墙的高度增加,有一个工人专门负责为砌砖工人调整支架的高度,通过这种方法砌砖工人就节省了体力和时间,不用每砌一块砖就弯腰到脚底下取砖和灰浆,之后再站起来。想想过去那么多年来每往墙上砌一块砖

（大约重5磅），工人都要把重达150磅的身体弯下两英尺，再直起身来，他们浪费了多少精力啊。每个工人每天都要这么弯下腰、直起身大约一千次。

经过进一步研究，在砖从车上卸下来之后交到砌砖工人手上之前，它们已经由工人进行了专门的精确分类，并按照最好的一面朝上的方式摆放在一个简易的木框板上，木框板的设计应该能够使工人以最快的速度、从最佳的位置握住砖块。通过这种方式，砌砖工人就不用在砌砖之前把砖块从这头翻到那头进行检查，也会节省了用来决定把最好的一面砌在墙的外面的时间。很多情况下，他也会节省了把支架上乱七八糟的一堆砖清理整齐的时间。这种砖块"箱"（吉尔布雷斯先生对他研制的装满了砖块的木框板的称呼）由辅助工人放置在可调节的支架上离灰浆斗很近的适当位置。

我们过去经常看到砌砖工人在把砖块放在一层灰浆上后会用泥刀的把手轻轻地敲打几次以确保接头的薄厚适度。吉尔布雷斯先生发现，只要调和的灰泥合适，通过砌砖工人砌砖的手向下的压力，砖块就会很容易向下嵌在一个合适的深度。他坚持让他的灰泥搅拌工人要特别注意灰浆的调和，以节省砌砖工人敲打砖块的时间。

通过所有这些对砌砖工人在一定条件下砌砖的细致研究，吉尔布雷斯先生把砌砖中的十八个动作减少为五个，甚至在有的情况下减少为每块砖两个动作。他已经在《砌砖的方法》（*Bricklaying System*）一书中的"动作研究"一章对这一问题进行了细致的分析，《砌砖的方法》一书已由麦伦·克拉克出版公司在纽约和芝加哥出版，并由 E. F. N. 世邦公司在伦敦出版。

对吉尔布雷斯把砌砖工人的动作由十八个减少为五个所使用的方法进行分析，就会发现，这一改进是通过以下三个不同的方法达成的：

第一，他彻底地剔除了过去砌砖工认为是必不可少的一些动作。通过严谨的研究和实验，证明这些动作是没用的。

第二，他引入了一些简单的设备装置，例如可调节的支架以及放置砖头的框板。通过这些装备，在一个相对比较廉价的工人的合作下，他削减了很多既耗费精力又耗费时间的动作，而这些动作在没有支架和框板的情况下，对于砌砖工来说又是必要的。

第三，他教会砌砖工两只手同时做一些简单的动作，而在过去他们用右手完成一个动作之后，才能用左手继续另一个动作。

例如，吉尔布雷斯先生教会了砌砖工用左手捡起一块砖的同时用右手铲起一泥刀的灰浆。当然，这种两只手同时干活儿的前提是用一个新的灰浆斗代替旧的托灰板（在托灰板上，灰浆铺散得很薄，要想从上面铲到灰浆需要迈一到两步），并且把灰浆斗和砖箱放置得很近，还要放在他新发明的支架的适当高度上。

这三个改进是把不必要的动作完全省去，用快速的动作代替慢速动作的典型方法。吉尔布雷斯先生称之为

"科学动作研究",笔者称之为"时间研究",这种方法在任何行业和工种中都可应用。

然而,很多有实践经验的人(知道几乎所有的工匠都会反对对他们方法和习惯的任何改变)会怀疑这种研究取得现实性重大成果的可能性。吉尔布雷斯先生几个月前在他所建造的一个大型砖结构建筑物里做报告时说,他用一种商业模式证明了他的科学研究在现实应用中是可行的。他雇用的是砌砖工工会的工人,用两种砖块砌一堵12英尺厚的工厂外墙,墙的两面接缝要勾缝还要画线。在他选择的工人已经熟练掌握他的方法后,他设定了平均每人每小时350块砖的速度;而在本国的同一地区,如果是用旧的砌砖方法的话,工作的平均速度是每人每小时120块砖。由工头负责培训他所选的工人掌握新的砌砖方法。那些没能从培训中学到东西的工人被淘汰了。每个工人在熟练掌握新方法之后工资水平有了实质性的(不是小额的)提升。为了个体化地对待每一个工人,并激励每个工人尽最大的努力工作,吉尔布雷斯先生还发明了一个独创性的方法来测量和记录每个工人所砌砖块的数量，并每隔一定间隔就告诉每个工人他砌的砖块数量。

只有把这项工作与砌砖工工会误导下普遍存在的状况进行对比时，人们才能意识到现在正在发生的人力资源的巨大浪费。在另外一个城市，砌砖工工会禁止工会里的工人在他们为市政当局工作时每天工作量超过 275 块；当工人为私人雇主工作时，每天的砌砖量不能超过 375 块。这个工会的工人可能会坚定地相信这种对产量的限制对他们的行业是有好处的。但是，坦率地讲，这种蓄意的怠工几乎就是犯罪，因为这不可避免地导致了让每个工人家庭支付更高的房租，不但没有增加这个城市的就业，最后反而把工作和就业机会都赶出了这个城市。

为什么这个在基督纪元之前就一直存在的行业，现在还一直使用与当时一样的工具？为什么在此之前就没有发生这种对砌砖工动作的简化以及相伴而来的这种巨大收益呢？

在过去这些年里，很可能有很多时候个别的砌砖工已经意识到减少每个不必要动作的可能性。尽管过去有工人确实发明了吉尔布雷斯的装备工具，但是没有一个工人会使用这些工具来提高自己的个人速度，原因就在于在所有的情况下，砌砖工都是站成一排共同劳动的，在建筑中所有的墙都要保持相同的速度往上砌。这样就没有一个砌砖工能够比他旁边的工友速度更快。没有任何工人有权利让其他人与他合作加快工作速度。只有通过**强制的标准化方法**，**强制**使用最优的工具设备和工作条件，强制进行合作，才能确保提高工作速度。而强制使用标准以及强制合作的责任则由**管理层**独立承担。管理层必须持续地提供一名或多名教练来教会每一位新工人新的更简单的动作，还要不断地观察和帮助那些动作慢的工人，直到他们的速度提高到合适的水平。在经过适当的培训之后，那些不愿意或者不能按照新的方法工作来达到高速度的工人一定会被**管理层**解雇。**管理层**还必须意识到的一个显著事实就是，除非他们会因此得到更多的报酬，否则工人们不会服从于这个更加严厉和精确的标准，他们也不会工作得更加卖力。

所有这些都涉及对每个工人的独立研究和培训，但是在过去，都是以大的班组为单位对工人进行管理的。

管理层也必须确保那些为砌砖工准备砖块和灰浆、调整支架的工人通过准时并且准确地做好自己的工作来与砌砖工进行合作；他们必须每隔固定的时间就告诉砌砖工他们工作的进度，让砌砖工不至于不经意而落下了进度。因此我们会看到，管理层担负了雇主过去从来没有做过的新型工作和新责任，这就使这种重大改进成为可能。没有这种来源于管理层的新型帮助，工人即使完全掌握了这些新的方法，而且也有改进的意愿，他们也不会达到如此令人震惊的效果。

吉尔布雷斯先生的砌砖方法是真正和有效合作的一个简单例子。不是一大群工人作为一个整体与管理层进行合作的那种合作类型，而是管理层中的几个人（每个人通过自己专门的方式）单个地帮助每个工人的合作形式。在这种合作中，一方面，管理层要研究工人的需要和短板，教会工人更好和更快的方法；另一方面，管理层要确保所有其他工人通过快速准确地完成自己的工作对砌砖工提供支持帮助，保持合作。

笔者如此仔细地研究和介绍吉尔布雷斯先生的方法的目的，就是为了搞清楚，这种产量的增加和这种和谐关系在过去的主流理论"激励主动性"的管理方法下（也就是，把问题留给工人，让工人独自来解决）是不曾达到的。吉尔布雷斯先生的成功应该归因于对构成科学管理原理实质的四个因素的应用：

第一，对砌砖的科学规则的改进（通过管理层，而不是工人），对每个工人的每个动作制定严格的规则，使所有的工具设备和工作环境实现标准化和完善化。

第二，对砌砖工的精确选择和训练，使他们成为一流的工人，并且把所有拒绝或者不能够使用新方法的工人解雇。

第三，通过管理层持续的帮助和观察，以及付给每个工作速度快而且按照要求工作的工人高额工资，把一流的砌砖工人和砌砖中包含的科学集合到一起。

第四，在管理层和工人之间对工作和责任的合理分配。管理层现在几乎整天围在工人身边工作，帮助他们，鼓励他们，使他们的工作更加顺畅。而在过去，管理层站在一边，对工人的帮助极小，把方法、工具、速度以及和谐的合作这些几乎全部责任都推给工人。

在这四个因素中，第一个因素（对砌砖的科学方法的改进）是最有趣也是最引人注目的。然而，其他的三个因素对于成功来说同样重要。

我们必须记住，在所有的这些背后，指导这些的必须是一个乐观、坚决果断并且工作努力的领导者，他在工作中也同样有足够的耐心。

在很多情况下（尤其是需要完成的工作在本质上错综复杂的时候），"对科学规则的改进"是这种新的管理方法的四个基本因素中最重要的一个。然而，在其他的例子中，"对工人的科学选择"也会比其他因素更加重要。

对自行车钢珠的日常检测非常简单又很不寻常，是一个典型的这种类型的例子。

几年之前，正是自行车流行的高峰时期，这些自行车每年都要消耗几百万的淬火钢制成的小钢珠。在制作钢珠的二十多道工序中，也许最重要的就是在抛光之后进行检验，在装箱之前挑选出碎的和其他不合格的钢珠。

笔者曾受命对本国最大的自行车钢珠制造厂进行系统化改造。在笔者对其进行重组之前，这个工厂已经按照通常的计日工资制运行了八到十年。所以，这个工厂里的一百二十多个检验钢珠的女工都已是"老手"，对工作十分熟练。

即使是在最基础的工作中，快速地把过去独立的计日工资制改变成科学的合作也是不可能的。

然而，在很多情况下，工作环境中存在着一些缺陷，对这些缺陷的改进会很快给有关各方都带来好处。

在这个例子中，我们发现这些检验工人（女工）每天工作十个半小时（周六休息半天）。

简单说来，她们的工作就是在左手手背的两个指头缝里放一排抛光了的小钢珠，这些钢珠在强光的照射下滚来滚去，检验工进行仔细检验的同时，用右手拿着的磁铁把那些残次的钢珠挑出来，扔进一个专门的盒子里。她们需要注意四种残次品——有凹痕的、硬度不够的、有刮痕的和有裂纹的——这些瑕疵很多时候太微小了，没有经过专业培训的人一般看不出来。这份工作要求全神贯注、精力集中，所以尽管检验工都舒舒服服地坐在那里，身体上一点都不累，但是她们的精神都很紧张。

一项非正式的研究证实，因为工作的时间太长了，这些女工本应该工作的十个半小时里，其实有相当一部分时间用在了徒劳无用的地方。

对工作时间进行计划,让工人"在该工作的时候工作,该休息的时候休息",而不是将两者混为一谈,这是一个一般常识。

因此,在桑福德·汤普森先生(Mr Sanford E. Thompson)过来对整个的程序进行科学研究之前,我们决定先缩短工作时间。

我们让那个多年来一直负责检验车间的年长工头对优秀的检验员和比较有影响力的女工一个接一个地进行面谈,说服她们相信,在十小时里她们可以和过去在十个半小时里完成一样多的工作。 他告诉每个女工这样做的目的就是把每天的工作时间减少到十个小时,每天的工资和她们之前工作十个半小时的工资一样。

经过两周的时间,工头汇报说他谈过话的所有女工都同意她们可以用十个小时的时间完成之前十个半小时的工作量,她们也都赞成这种改变。

笔者之前不是一个圆滑世故的人，所以觉得最好应该稍微圆滑一点，就决定让这些女工对这项新提议进行投票。然而，因为在投票中女工一致认为十个半小时对于她们来说刚刚好，她们不需要任何形式的创新，所以这个决定几乎就没有正当理由了。

这个问题就暂时搁置了下来。几个月后，我决定不再讲究世故，把工作时间强制性地一步步缩减为十个小时、九个半小时、九个小时，最后减到了八个半小时（每天的工资保持不变）；随着每次工作时间的减少，日产量非但没有减少，反而增加了。

在这个部门中，旧的管理方法向科学管理方法的转变是在桑福德·汤普森先生的指导和高特先生（Mr H. L. Gautt）的监督下进行的，汤普森先生是这个国家中有关动作和时间研究方面最有经验的人。

在各个大学里的生理学系，经常会进行实验来测定所谓被试人员的"个人系数"。这些实验是通过在可以看到的范围内突然展示一些目标，比如说字母 A 和 B，在被试人员认出这个字母的瞬间，他要做一些比如说按一个专门的电动按钮这样的特定动作。从被试人员看到字母到他按下电动按钮之间的时间被一个灵敏的科学设备精确地记录下来。

这个测试最终表明，不同人的"个人系数"存在很大的差距。有些人生来就有异乎寻常的快速感知力，并能采取快速的反应行动。在对这些人的测试中，信息几乎瞬间就由眼睛传送到了大脑，大脑几乎同时作出快速反应，向手发出适当的信号。

这种类型的人被称为"个人系数"很低的人。而那些感知力很低、行动上反应迟钝的人则具有高的"个人系数"。

汤普森先生很快认识到，自行车钢珠检验员最重要的品质就是"个人系数"低。当然，像耐受力和勤劳这些普通的特性也是需要的。

为了女工和公司的最终利益，有必要开除那些"个人系数"很高的女工。但不幸的是，这涉及要解雇很多最聪明、工作最卖力、最值得信任的女工，原因仅仅是她们没有快速的感知力和行为反应。

在之后对女工的进一步筛选中，我们同时进行了其他改革。

当工人或者说女工的工资由每天的工作量决定的时候，一个需要防备的危险就是为了提高产量而降低了质量。

因此，在几乎所有的例子中，在采取行动提高产量之前，非常有必要先采取一定的措施来确保质量不会下降。

在这些女工的工作中质量是非常关键的。她们要挑出所有的残次钢珠。

因此，第一步就是保证她们一旦玩忽职守，就会被发现。这一目标要通过所谓的重复检验来达成。有四个最值得信赖的女工，每个人每天都要检验很多前一天已经经过普通检验员检验的钢珠；工头改变了需要重复检验的钢珠批号，所以没有人知道她们所复检的钢珠之前是由谁检验的。除了这种重复检验，这些经过四个重复检验者检验的钢珠，会有一部分在第二天由总检验员进行检验，总检验员的选拔依据就是她要工作精准，为人正直。

我们使用一种有效的方法来检查重复检验者的忠诚和精确性。每两到三天工头就会专门准备一批钢珠。这些包括特定数量的合格钢珠，加上特定数目的每种类别都有的残次钢珠。普通的检验员和重复检验员都不知道如何区分这种设定好的批次和普通的批次。通过这种方法，就杜绝了工作中所有玩忽职守和弄虚作假的想法和诱因。

在用这种方法确保质量不会下降之后，我们立即采取了有效的方法来增加产量。改进之后的计日工资制代替了之前马马虎虎的方法。为了避免工头的个人偏见，确保对每个检验工人的绝对公正和公平，我们每天都同时对工作的质量和数量进行精确的记录。在相对较短的时间里，通过这个记录，工头给那些产量和质量均达到较高水平的检验工人增加工资，同时降低那些产量和质量与之前没有区别的工人的工资，甚至解雇那些积习难改的手脚慢又粗心的工人，这样工头就激发了检验工人的进取心。之后，我们使用秒表和记录表对每个女工在工作中的时间分配进行了仔细地检测，并进行了精确的时间研究，目的是确定每一种检验工作所要花费时间的多少，并建立起每个女工能够最好最快地工作所需要的最合适的工作环境，同时，还要防止给女工布置的任务过于繁重，以免她们过于疲惫或者精力耗竭，损害健康。这项研究表明，这些女工有相当一部分时间处于闲暇无事、聊天、半工作状态，或者是实际上什么也不做。

通过对女工的严密观察发现，即使是工作时间由十个半小时缩减到了八个半小时，但她们在连续工作一个半小时之后，就开始变得精神紧张。毫无疑问，她们这时候需要休息了。在到达过度紧张的时点之前马上停下来休息是明智的,所以我们就安排这些女工每隔一小时十五分钟就休息十分钟。在休息的时间里(上午有两次,各十分钟,下午也有两次),她们必须停下工作,我们鼓励她们离开工位,到处走走,聊聊天,等等,以得到完全的放松。

毫无疑问,从某个方面说,有些人会认为这些女工受到了残酷的对待。她们的工位距离很远,她们在工作时不方便说话聊天。

缩减她们的工作时间以及提供到目前我们所知道的最优的工作环境,可以让她们有可能真正稳定地工作,而不是假装如此。

在合适的女工被挑选出来之后,一方面,我们采取这种预防措施来防止女工过度疲劳,而另一方面,清除了女工在工作中玩忽职守的诱因,并建立了最优的工作环境。我们的重组工作只有达到这一步,才能继续开展到最后一步。我们要做的最后一步就是确保女工得到她们最想得到的东西，也就是高工资，同时让雇主得到他们最想得到的，也就是最大的产量和最优的工作质量——也就意味着低的劳动成本。

这一步就是每天给每个女工一份经过精确测定的任务，这份任务需要一整天里保持高效的工作状态，只要这个女工完成了这个任务，她就会得到一大笔奖励或奖金。

在这个案例中，我们是通过实行今天所谓的"差异计件工资制"①来解决这个问题的。在差异计件工资制下，每个女工的工资都是随着她的产量增长而按比例增长的，与她的工作质量也相匹配。

在后面我会提到，差异工资（重复检验工人所检验的批次多少决定了这种差异的基础）导致了工作数量的大幅提升，同时在工作质量上也有了显著进步。

---

① 参见泰勒在美国机械工程师协会宣读的题为《计件工资制》的文章，第十六卷，第 856 页。

在这些女工最后达到最佳的状态之前,我们发现有必要以每小时一次的频率测量每个女工的产量,一旦发现有人掉队,就要给她配备一个老师,这个老师要发现错误所在,纠正她的错误,鼓励并帮助她赶上来。

那些对管理特别感兴趣的人都必须要明白,所有这一切的基石是一个普通的原理。 如果想要通过奖励有效地激励工人努力工作,这个奖励必须在工作完成之后很快实现。 没有人能够等上一个多星期甚至一个月才拿到奖励,没有人会因为在这么久之后才能得到的奖励而努力工作。

普通的工人必须能够清楚地估算他已经完成的工作量,如果他达到最佳状态,每天结束时他要确实能得到他应得的奖励。 对于像检验钢珠的年轻女孩或者像儿童这样的人,恨不得每隔一个小时就应该得到来自管理者或长者的恰当鼓励,这些鼓励可以是个人关怀,也可以是切实可见的奖励。

这就是通过把股票卖给雇工或者在年终给员工分红而进行合作或者说"利润分享"的方法在激励工人努力工作方面收效甚微的主要原因之一。他们通过不紧不慢的工作如果在当天就能确定得到报酬，相比于通过努力工作在六个月后才可能与他人一块分享奖励，前者要比后者更加具有吸引力。利润分享机制效率低下的另一个原因就是没有形成任何合作的形式，在其中每个个体的进取心都能得到自由表达。与一般的福利相比，个人进取心过去是、将来仍然是更加强大的动力。那些被不当安排的懒汉，他们总是游手好闲但是却会同样与其他人分享利润，在合作中，他们肯定会拖后腿，把优秀的工人拉低到同他们一样的水平。

在通往合作机制的道路上，另一个难以对付的困难是对利润的公平分配，以及尽管工人总是想要分享利润但又不能也不愿分担损失的事实。更严重的是，在很多情况下，不管是让他们分享利润还是分担损失，都既不合理也不公平，因为造成这些利润和损失的原因很大程度上完全超出了他们的影响和控制范围，他们对这些因素起不到作用。

让我们回到钢珠检验女工这个案例上来。所有这些改革的最终结果就是"35个女工完成了之前需要120个女工完成的工作"。同时,如此高速下的检验精确度也比之前那种慢速度下快了三分之二。

对女工的好处有:

第一,与过去相比,她们的工资平均涨了80%到100%。

第二,她们每天的工作时间从过去的10.5小时削减到了8.5小时,在周六还有半天的假期。她们每天会有4次休息时间,这就使一个健康的女工不会过度疲劳。

第三,每个女工都会觉得她得到了管理层特殊的关注,如果遇到了什么问题,她总能找到一个人来帮助她,能够在管理体系中找到一个老师来依靠。

第四，所有的年轻女工每个月都能得到连续两天的带薪休假，时间由她们自己选择。尽管对于这一点，我不是很确信，但我印象中这些女工获得了这项特权。

公司从这些改革中获得的好处有：

第一，产品质量的实质性改进。

第二，尽管增加了一些额外的支出，像文员的工作、老师的设置、时间研究和重复检验，以及工资的提高等，但是检验成本有了实质性降低。

第三，在管理层和雇工之间达成了最友善的关系，使任何形式的劳工矛盾或者罢工变得不可能。

这些改革带来了很多好的结果，用令人愉快的工作环境代替了令人不愉快的工作环境。然而，我们应该意识到，比其他因素起到更加重要作用的因素就是精确地选择那些具有快速感知力的女工来代替那些感知力迟缓的女工（用协同系数低的女工替代那些个人协同系数较高的女工）——也就是对工人进行科学的选择。

到目前为止，我有意把选择的例子限定在较为基础性的工作类型上，所以一定还会有人强烈地质疑，这种合作对于头脑聪明的技工是否也可行呢，也就是说，有些工人具有较高的归纳推理能力，他是不是更可能会依靠自己的意志力来选择更加科学和更好的方法呢？接下来的例子将会表明，在更高层次的工种中，科学规则会更加复杂，高价值的技工甚至比低价的劳动者更需要比他们受过更好教育的人的合作来发现这些规则，并进一步选拔、培养和训练他们来依照这些规则工作。这些例子会清楚地表明我们最初的观点，也就是在几乎所有的机器工艺中，存在于每个工人的动作之下的科学非常深奥，以至于真正最适合某一工作的工人因为缺乏教育或者是智力水平低下而不能够理解这一科学。

例如，很多读者头脑中都会存在这样一个疑问（当一个公司年复一年地生产数量巨大的同一种机器，因此，每一个技工都在一遍遍地重复一系列相同的操作）：每个工人的聪明才智和他一次次地从监工那里得到的帮助会不会发展出来一种更优的方法和个人技术，在不进行科学研究的情况下，能不能实质性地提高工作效率？

若干年之前，一个雇佣大概300个工人的公司在10到15年里一直在生产同样的机器。他们找我们去做报告，问我们通过引入科学管理是否会有一些收获。在很多年里，他们的车间都由一个很优秀的负责人监管，并有优秀的工头和工人，实行计件工资。毫无疑问，与本国一般的机械工厂相比，这个公司拥有更好的生产条件。当我们告诉那个负责人，通过使用任务管理，在相同数量的工人和机器的情况下，产量会增长一倍多，他表现出了很明显的不快。他说，他认为任何这种说法都只是在吹牛，完全是欺人之谈。他不但没有激发出信心，反而对任何支持这种观点的人都表现得非常厌恶。然而，他也欣然同意我们的提议：挑选任何一台他认为产量可以代表车间平均水平的机器，由我们用这台机器来证明，通过科学的管理方法，这台机器的产量可以增长超过一倍。

他所挑选的机器的确代表了这个车间的水平。它在过去10到12年里都是由该公司里一位一流的技术工人来操作的,这位技术工人的能力远远超出了该公司普通工人的平均水平。在一个这种类型的车间里,一直在周而复始地制作类似的机器,非常有必要把工作进行细分,以使一年里所有的工人都仅从事相当小的一部分生产工作。因此,在各方都在场的情况下,我们对工人要完成每一部分工作所需要的精确时间进行了仔细的记录。他们完成每一部件所需要的时间以及他向机器输送原料的速度和数量都被记录下来,我们还记录下了他把产品放进机器以及搬出机器所要花费的时间。通过这种方法知道了这个车间里平均的工作水平之后,我们采用了科学管理原理来操作这台机器。

> 高速钢是一种具有高硬度、高耐磨性和高耐热性的工具钢,又称高速工具钢或锋钢。高速钢是美国的F.W.泰勒和M.怀特于1898年创制的。高速钢的工艺性能好,强度和韧性配合好,因此主要用来制造复杂的薄刃和耐冲击的金属切削刀具,也可制造高温轴承和冷挤压模具等。——译者

通过四个专门为了测试金属切割机器的全面能力而精心设计的计算尺,我们仔细分析

了这台机器的每一个部件与当前工作之间的关系。这台机器在各种速度之下的牵引力、它的供给容量以及它的适当速度都通过这种计算尺得到了测量。我们接着对副传动轴和主动带轮进行了一些改变，以使其保持在适当的速度。工具由高速钢经过适当的抛光、处理和打磨等工序制成合适的形状。（大家应该了解，我们使用的高速钢和之前工厂里通常使用的高速钢是一样的。）我们又专门制作了一个大号的计算尺，用这个计算尺来测量某一特定车床在可能最短的时间里完成每种工作的确切速度和供料量。在通过这种方法进行准备之后，工人就可以依照新的方法来开展工作了，一个接一个地，车床生产出了符合我们之前所做实验结果的产品。按照科学管理原理来运行机器后，在时间上获得了巨大收益，最慢的时候速度提高了 2.5 倍，在最快的时候速度提高了 9 倍之多。

然而，从经验法则到科学管理的变革涉及的不仅仅是对工作的合适速度的研究以及对车间里的设备和工具进行改造，它还同样需要车间里所有工人对他们的工作以及对雇主态度的全面转变。对机器在物理方面的改进对于确保收益是必要的,在动作研究之后要用一块秒表对每个工人完成工作所需时间进行精确研究,物理改进和动作研究可以进行得相对迅速一些。但是对 300 名甚至更多工人的态度以及习惯的改变只能慢慢通过一系列长期的实战教学来实现,这些实战教学最终会向每一个工人展示,在每天的工作中与管理层真诚合作会得到多么大的好处。在 3 年的时间里,这个车间的每个人以及每台机器的产量都增长了一倍多。工人都经过了仔细的挑选,几乎所有的工人都从一个低级别的工作提升到了高级别的工作。他们都得到了老师的指导(起到了工头的作用),这样他们就能够得到比过去更高的工资。平均每个工人每天工资的增加额大约为 35 美分,然而与此同时,完成给定数量的工作所需支付的总工资数却比之前要低。当然,这种在工作速度上的提升需要用快速的手工方法代替旧的单凭经验的工作方法,以及对每个工人的手工作业进行精确分析。(这里所说的手工作业指的是依靠工人手工的灵巧和速度完成的工作,与机器所完成的工作是不同的。)科学的手工作业所节省的时间在很多情况下比通过机器作业所节省的时间要多得多。

泰勒实验过的工厂(1905)

在研究了金属切割工艺之后，在计算尺的帮助下，之前从来没有见过这种特殊的工作，也没有操作过这台机器的工人，在科学的武装下，可以把工作速度提高到一个优秀技工的 2.5 倍到 9 倍，而这个优秀技工在过去整整 10 年甚至 12 年的时间里一直在这台机器上从事这份工作。对这个原因的充分解释至关重要。一句话，这可能是因为切割金属的工艺涉及的科学原理不容小觑，事实上，这门科学非常复杂，以至于任何一个年复一年操作机床的技术工人都不会了解这门科学，在没有专业人士的指导和帮助的情况下，这些技术工人也不能依照这门科学的规则进行工作。那些不了解车间生产的人往往把每一个部件的生产看作是一个专门问题，把这个问题与其他类型的机器生产工作分开来看待。例如，他们常常认为，解决与制造发动机配件相关的问题需要对一组发动机制造技工进行专门研究，甚至有的人认为要对他们的生活进行研究，但是他们认为这些问题与操作车床或刨床部件时遇到的问题完全没有关系。然而，在事实上，与对金属切割的科学或者艺术的伟大研究相比，不管是对发动机部件还是对车床部件的专门研究都是无足轻重的，因为有关金属切割科学的知识能够提高所有类型的机器作业的速度。

真正的问题是如何快速地去除铸件和锻件上的碎屑，如何在最短的时间里让工件变得光滑和精准。至于这个加工的工件到底是一个船用发动机的部件，还是一台印刷机或一部汽车的部件，都无关紧要。由于这个原因，一个之前从来没有见过这种工作的工人，通过使用计算尺以及对金属切割科学的了解，在工作中可以把那些多年里专门从事这种机器工作的熟练技工远远地甩在后面。

确实，一旦聪明机智并且受过教育的人发现在任何机器技术工艺中推动进步的责任应该由他们承担，而不是那些在这个行业中实际工作的工人，他们就会一如既往地展开行动，这项行动最终催生了一门科学，而在此之前只有传统知识或者说经验可谈。这些人因为受过教育而养成了归纳和随时随地总结规律的习惯，当他们受到很多问题困扰的时候，例如每一种行业中都存在的以及彼此都比较相似的问题，他们就会不可避免地想要尝试着把这些问题整理纳入某一具有逻辑的框架里，并在其中找到某些普遍的规则和规律来帮助他们解决问题。正如之前所指出的，"激励主动性"管理方法的根本原理必然把所有解决这些问题的责任推给了每个单独的工人，但是科学管理原则却把问题的解决交到管理层手中。工人们整天都在做他们手头的工作，所以，即便是这些工人受过教育，头脑中具有归纳总结的习惯，他们也没有时间和机会来整理研发这些规则。因为即使是对一个简单规则的研究，比如说时间研究，也涉及两个人的合作，一个人进行工作，另外一个用秒表为他计时。尽管工人想要归纳出一个可以代替之前存在的经验知识的规则，他的个人利益会毫无悬念地引导他对自己的发现保密，这样，通过这种专门的知识，他自己就能够比其他工人完成更多的工作，进而得到更高的工资。

另一方面,在科学管理下,管理层人士不仅仅有责任,并且乐于研发出科学的方法来替代过去那些经验法则,他们还要一视同仁地教会他们所管理的工人这种快速工作的方法。应用这些规则所收到的成效总是非常显著,所有的公司都担负得起研发这些规则所需要的时间和实验花费。因此在科学管理下,科学的知识和方法遍地皆是,必定迟早会取代经验法则。然而在过去的管理体系中,依照科学规则工作是一件不可能的事情。

对金属切割中的科学规律或者说艺术的研发是证明这一事实的贴切例子。1880年秋天正是笔者开始进行上述有关实验的时候,我当时想要发现对于一个劳工来说,什么样的工作量是适当的。我得到了时任米德维尔钢铁公司总裁的威廉·塞勒斯先生的允许来做一系列的实验,以发现什么形状和角度的工具最适合切割金属,我们还想要找到切割金属的最佳速度。当这些实验开始进行的时候,笔者认为这项实验不会超过6个月,而且事实是,如果威廉·塞勒斯先生知道实际所用的时间要比预计的时间更长的话,就不会允许花费相当大一笔钱来开展这项实验了。

这一系列实验中用到的第一个机器是一个直径 66 英寸的立式镗床,我们日复一日地把大量由质量统一的硬钢制成的机车轮切割成碎片,这样我们逐渐摸索到了制作、成型以及使用切割工具的方法以提高工作速度。 在 6 个月结束之际,我们获取了足够的实际信息数据,所得收益远远超出了在实验中所消耗的材料和工资成本。 然而,即便是相对少量的实验也足以向我们证明,我们所得到的实际知识只是尚待研发规律中的一小部分,而这一规律才是我们在日常工作中试图指导和帮助机器技工的时候所急需的。

这一领域的实验大概持续了 26 年,其中偶尔也会有中断,在实验进程中,我们专门配置了 10 台不同的实验机器来进行切割工作,对 3 万到 5 万次的实验进行了精确的记录,还有其他一些没有做记录的实验。 在对这些规则进行研究的过程中，有超过 80 万磅的钢铁被实验工具切割成了碎片，估计有 15 万到 20 万美金投入到了这项调研。

对于任何一个热爱科学研究的人来说，这种特性的工作着实有趣。然而，鉴于本文的写作目的，我们应该充分认识到，在过去这些年里推动这些实验持续进行的动力，以及为实验的成功提供资金和机会的动力，并不是对科学知识的抽象追求，而是一个非常实际的事实。这个事实就是，我们缺少为了帮助技术工人以最好的方式和最快的速度完成他们每天的工作所需要的确切信息。

所有这些实验的开展都是为了让我们能够回答每个技术工人在使用金属切割机器（比如说车床、刨床、钻床或者铣床）进行工作时面临的两个问题。这两个问题就是：

- 为了在最短的时间内完成工作，我将以什么样的切割速度操作我的机器？

- 供料量应该是多少？

这两个问题听起来太简单了，好像只要让任何一个受过训练的优秀技术工人作出判断就可以解决。然而事实上，经过26年的实验我们发现，在任何情况下，对这两个问题的回答都涉及对一个复杂数学问题的解决，而其中必须确定12个独立变量的影响。

下面的12个变量中，每一个都对问题的解决具有重要影响。每一个变量的数值都代表了这一因素对切割速度的影响。例如，在第1个变量后面，我们引述："在半淬火钢或者冷硬铁中与在非常软的低碳钢中，其比例是1∶100。"这里的意思就是说，对软钢的切割速度是淬火钢或者冷硬铁的100倍。每一个因素后面所给出的比率表明了一个大的范围，以帮助每个技术工人在过去的实际工作中在决定操作机器的最佳速度以及应该使用的最佳供料量方面作出判断。

1. 所切割金属的质地，也就是它的硬度或者其他影响切割速度的特性。在半淬火钢或者冷硬铁中与在非常软的低碳钢中，其比例是1∶100。

2. 制作工具所用钢的化学成分，以及工具的热处理情况。由回火碳钢制成的工具与由最好的高速钢制成的工具的比例是1∶7。

3. 削屑的厚度，或者说工具刨削下来的螺旋状或者带状的金属刨屑的厚度。厚度为十六分之三英尺的削屑与厚度为六十四分之一英尺的削屑的比例是1∶3.5。

4. 工具上切割刀刃的形状或者轮廓。螺纹型工具与阔鼻型切割工具的比例是1∶6。

5. 工具使用中，是否有充沛的水源或者其他冷却介质。没有冷却介质的工具与有充沛水源进行冷却的工具的比例是1∶1.41。

6. 切割的深度。切割深度为二分之一英尺时与切割深度为八分之一英尺时的比例为 1∶1.36。

7. 切割的持续性，也就是说切割面在重新打磨之前，在承受刨削压力下可以持续的时间。每隔半个小时需要打磨一次的工具与每隔二十分钟就需要打磨一次的工具的比例是 1∶1.20。

8. 工具的钻刃余隙角。钻唇角为 68 度时与钻唇角为 61 度时的比例为 1∶1.023。

9. 由于生产中的震动而造成的工件和工具的弹性。工具震动时与工具运作流畅时的比例是 1∶1.15。

10. 所切割铸件或者锻件的直径。

11. 切片或者削屑对工具切割面的压力。

12. 机器的牵引力、速度和供料量的变化。

对于很多人来说，花 26 年的时间来研究这 12 个变量对金属切割速度的作用是非常荒谬可笑的。然而，那些自身具有实验经验的人会理解，解决这个问题所要面临的最大困难就是它包含着太多可变因素。事实上，进行每个单独的实验所花费的时间如此漫长的原因就在于：在研究一个变量的影响效果的时候，要保持其他 11 个变量恒定和统一相当困难。保持 11 个变量的恒定要比对剩下的 1 个变量进行研究困难得多。

因此，每个变量对切割速度的影响都被逐个进行了研究。为了在实际中应用这些知识，我们有必要建立一个数学公式，用简洁的方式来表达我们所发现的规则。在我们发现的 12 个公式中，我将选出 3 个进行举例说明：

- $P = 45\,000 D^{\frac{14}{15}} F^{\frac{3}{4}}$

- $V = \dfrac{90}{T^{\frac{1}{8}}}$

- $V = \dfrac{11.9}{F^{0.665} \left(\dfrac{48}{3}D\right)^{0.2373 + \frac{2.4}{18+24D}}}$

在研究出了这些规则并确定了表达它们的数学公式之后，我们仍然面临着一个难题，那就是如何快速地解决这些复杂的数学难题以使这一发现能够在日常工作中使用。如果一个优秀的数学家来解答这些数学问题（也就是说，得到通常工作情况下正确的切割速度和供料速度），解决其中一个问题就需要花 2 到 6 个小时。在很多情况下，解决这些数学问题花费的时间比让工人自己在机器上完成全部工作花费的时间还要长。因此，我们面临的一个相当重要的任务就是找到一个快速解决问题的方法。随着我们在解决这个问题上不断取得进展，笔者一次又一次地向本国的著名数学家请教这个问题的解决方法。为了找到一个快速而实用的方法来解决这个问题，他们想要多少经费我们就给多少，只要合理。有些数学家只是扫了一眼，有些则出于礼貌对这个问题进行了 2 到 3 周的研究。他们几乎都给出了相同的答案：很多情况下解决包含 4 个变量的数学问题是有可能的，有的时候能够解决包含 5 个或者 6 个变量的问题，但是解决包含 12 个变量的问题很明显是不可能的事情，除非使用耗时巨大的"试错法"。

然而，对于我们的机器制造车间每天的运行工作来说，一个快速的解决方法是必需的。尽管来自于数学家的鼓励少之又少，我们还是坚持了下来。在大约15年的时间里，我们不定期地花费了大量的时间用来寻求一个简单的解决方法。在不同时期，有4到5个人几乎把全部的精力都投入在这个工作上。最后，当我们在伯利恒钢铁公司的时候，我们研发出了计算尺。这在《论切割金属的工艺》一文中第11号文件中进行了论证说明，并在卡尔·G.巴斯先生向美国机械工程师协会提交的题为《机器车间中的计算尺：作为泰勒管理体系的一部分》的论文中进行了细致的描述（《美国机械工程师协会学报》第25卷）。通过计算尺，不管对数学是否了解，任何一个优秀的技术工人都可以在不到半分钟的时间里解决一个这种复杂的问题，这就使我们多年来对金属切割工艺的研究成果应用在了日常的实际工作中。

卡尔·巴斯（Carl G. Barth, 1860—1939），美籍挪威数学家、机械工程师。1899年他受雇于伯利恒钢铁公司并协助泰勒研发出了"计算尺"。

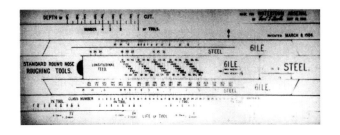

巴斯使用的计算尺

这是一个把复杂的科学数据应用于实践中的绝佳例子,尽管这些科学数据看上去已经远远超出了普通工人的经验和技术训练的范围。那些对数学一无所知的技术工人多年来一直在日常工作中使用计算尺。

看一眼前面那些蕴含着金属切割规则的复杂数学公式就会明白,为什么在没有这些规则帮助的情况下,如果只依靠他的个人经验,任何一个技术工人都猜测不到这两个问题的正确答案,即使他多次重复同样的工作:

- 我应该使用何种速度?

- 供料量应该是多少?

让我们回到前述那些在过去的 10 年甚至 12 年里年复一年从事着相同工作的技术工人身上，在他们所从事的各种各样的工作中，他们偶尔也会在上百种可能完成工作的方法中，碰巧使用了完成这个工作的最优方法。在考虑这种典型情况时，我们不能忘了，我们车间中所有金属切割机器的提速都是工人靠猜测来完成的，他们都没有研究过金属切割工艺，没有相关的知识。在经过我们系统改造过的机器车间里，我们发现在 100 台机器里没有一台是由操作者加速到接近正确的速度。所以，为了和金属切割科学相竞争，机械工人在找到合适的速度之前首先要把新的滑轮安置在机器的副传送轴上。很多时候，他们会在工具的形状和处理等方面做出改变。但是，即便他们知道应该做什么，很多这些改变都远远超出了他们的控制范围，都是他们力所不能及的。

如果读者明白为什么那些一直重复做一种工作的机械工人所掌握的经验法则知识不能够与真正的切割金属科学相竞争，那么他们会更加明白，高级机械师每天要做各种各样的工作，就更加不能与这一科学规则相竞争了。

这些高级机械师每天做各种各样的工作，为了以最快的速度完成每一项工作，他们除了需要对金属切割工艺有全面的了解和掌握，还需要掌握以最快方式完成每种手工劳动的知识和经验。回顾一下吉尔布雷斯先生对砌砖过程的动作和时间研究所得到的成果，读者就都会明白，通过对所从事的工作进行科学的动作研究和时间研究，任何一个手艺人都能借助这一帮助快速完成各种类型的工作。

在过去将近 30 年里，与机器车间管理有关的时间研究人员把他们的全部时间都贡献给了对动作的科学研究以及之后的时间研究，后者需要使用一块秒表对所有与机械工人工作有关的因素进行精确研究。老师本身是管理的一部分，他们需要和工人进行合作，他们既掌握了切割金属的科学规律，又了解同样复杂的与这份工作相联系的时间研究和动作研究科学。因此，我们不难理解为什么即便是最高水平的机械工人，在没有老师的不断帮助下，每天也不能达到最优的工作效果。如果读者能明白这一点，就会明白笔者写作本文的一个重要目的。

我希望我所举的例子能够清楚地阐明,为什么与"激励主动性"的管理哲学所能够得到的成果相比,科学管理在所有的案例中,不管是给公司还是公司的雇员,都无一例外地带来了空前巨大的利益。我们必须指明,获得的这些利益,不是由于一种管理方法下的体制比另外一种管理方法下的体制更具优越性,而是通过用一套基本的管理原理来替代一套完全不同的管理原理,通过用一种企业管理哲学来替代另一种企业管理哲学来实现的。

我要再一次指出,遍及所有这些例子中,这些有用的成果主要与以下几点密不可分:(1)用科学来代替工人的个人判断;(2)在对每个工人进行研究、教导和培养之后,或者说对每个工人进行"实验"之后,对工人进行科学选择和培养,而不是让工人进行自我选择、随意发展;(3)管理层与工人之间亲密合作,他们共同依照科学法则工作,而不是把每个问题都留给单个的工人去解决。在应用这些新规则时,抛弃了过去那种单凭工人努力的管理方法,代之以双方都平等地分担每项任务,管理层从事最适合他们从事的那部分工作,工人完成剩下的工作。

本文写作的目的就是为了举例证明这一哲学,但是一些与其基本原则有关的问题也应得到进一步的讨论。

研发一门科学,是一个让人望而生畏的任务。事实上,任何一门像金属切割科学这样的全面性科学研究都必然需要多年的工作。然而,金属切割科学在其研发的复杂性和研发所需时间上,都代表了机械工艺中的一种极端的情况。即使是在这门非常复杂的科学中,在研究开始之后的几个月里,我们就获得了足够的知识来抵偿实验的花费,尚且有余。这一点实际上也适用于机器工艺领域的所有科学研发。研发出的第一批有关金属切割的规则并不完善,只包含了部分的正确知识。然而,这种不完善的知识也要比完全缺乏确切信息,或者之前存在的经验法则好得多,这种不完善的知识能够让工人在管理层的帮助下更快更好地工作。

例如,发现一两种工具所需要的时间非常短,尽管与多年之后研发出来的工具相比,这些工具在形状上并不完善,但是它们要比普通使用的其他形状和类型的工具好得多。这些工具被当成了标准,并能够快速提高使用它们的机械工的工作速度。在相对较短的时间里,其他工具会取代这种工具作为标准,之后不久又会有新的经过改进的工具来取代旧的工具成为新的标准。①

然而,这种存在于很多机械工艺中的科学要比金属切割的科学简单得多。实际上在很多情况下,我们研发的规则和制度太简单了,普通的人不会为他们冠上"科学"的名号。在多数行业里,科学规则是通过对工人所做的一小部分工作所需步骤进行相对简单的分析和时间研究

---

① 对机械工艺的动作进行实验的实验者时不时地会发现他们面临这样的问题,例如,他是尽快把他得到的知识应用于实践中去,还是要等到他最终得到了确凿的结论之后再去应用。他清晰地认识到他已经取得了一些明确的进步,但是也看到了进一步改进的可能性(甚至是盖然性)。当然,对每一种特殊情况必须进行独立思考,但是我们得到的通常的结论是,很多情况下把实验者的结论尽快在实际应用中进行严格测试才是明智之举。这种测试的一个不可缺少的条件就是实验者应该有充分的机会和足够的权威来进行一个完全和公平的测试。因为普遍存在着对旧有管理方式的偏好以及对新的管理方式的怀疑,所以这一点很难做到。

得到的，这项研究经常是由一个仅仅拿着一块秒表和一个规则记录本的人完成的。现在有数百名这种"时间研究员"在那些以前仅凭经验法则办事的领域从事着基础科学知识的研发。即使是前述吉尔布雷斯先生对砌砖行为的动作研究也要比多数情况下的研究更加精细和复杂。研发这种水平的简单规则所涉及的基本步骤如下：

第一，找到 10 到 15 个不同的工人（最好是来自于国内的不同工厂和不同地区），这些工人对于所要分析的特定工作要非常熟练。

第二，研究每个工人在从事所研究工作中使用的一系列基本操作或者动作，以及每个工人所使用的工具。

第三，用一块秒表研究每一个基本动作所需要的时间，并挑选出完成工作中每个基本动作的最快方法。

第四，淘汰所有错误的动作、速度慢的动作和没用的动作。

第五，在淘汰了所有不必要的动作之后，挑选出一组最快最好的动作并配以最优的工具。

在这种新的方法中，要用一组最快和最好的动作来取代之前使用的多达 10 到 15 组的低速和低效的动作。这种最好的方法变成了标准，并作为标准首先教给老师（起工头作用的人），老师又教会给工厂里的每个工人，直到这个方法被另外一组更快和更好的动作替代。通过这种简单的方法，这项科学中的要素就一个接一个地被研发了出来。

我们用相同的方法对一个行业中的每种工具都进行了研究。在"激励主动性"管理哲学的指导下，每个工人要根据自己的最佳判断来以最快的速度完成工作，因此造成了在所有的情况下，为了达到各种特定的目的，需要使用大量形状不同、种类各异的工具。科学管理首先需要对在经验法则下同一工具的每一种改进都进行精确的研究；其次，在对使用每一种工具所能达到的速度进行时间研究之后，这些工具中的优点被集中起来形成一个标准的工具，能够使工人的工作比之前更加快速，更加轻松自如。这一工具作为标准被应用，取代了之前所使用的不同类型的工具。在通过动作和时间研究研发出更好的工具之前，它是所有工人工作的标准。

经过以上讲解，我们发现，研发一种科学来替代之前的经验法则，在很多情况下绝不是一个令人生畏的任务，没有受过任何复杂的科学训练的普通人也可以完成。但是另一方面，即使是对一个最简单改进的成功应用都需要记录、制度和协作，而在过去这只能靠单个人的努力。

本文曾经多次提到过另外一种类型的科学研究，应该引起特别的关注。这种研究也可以称为是对影响工人的动机进行的精确研究。乍看上去，这关系到个人的观察和判断，不是一个进行精确科学实验的合适对象。因为被试的人是十分复杂的生物体，所以相关实验所得出的结论与那些跟物质材料有关的规则相比会出现更多的例外情况。然而，这种适用于大多数工人的规则毫无疑问是存在的，当这些规则被清晰地定义之后，它们就会在处理工人事务上具有很大的指导价值。在对这些规则进行研发的过程中，需要在几年的时间里进行准确而精细的计划和实验，这与本文之前提到的对其他要素进行实验的一般方法是一样的。

在这类规则中，与科学管理有关的最重要的规则可能是任务的观念对工人效率的影响。事实上，这一点已经变成了科学管理机制中的一个重要因素，以至于对很多人来说，科学管理已经被认为就是"任务管理"。

在任务观念上并没有什么创新。我们每个人都会记得，在我们的学生时代，这种观念是十分有用的。一个有效率的老师绝不会想着没完没了地给学生上课。老师每天会给每一个学生布置一个确定而明确的任务，告诉他必须学习的就是这么多内容。只有通过这种方法，学生才能获得适当的和系统的进步。如果告诉一个孩子他做得越多越好，而不是给他一个具体任务的话，一般的孩子会进行得非常缓慢。我们都是长大了的孩子，同理，当每个普通工人每天都接受在给定时间需要完成的确定任务，而这项任务对于一个优秀的工人来说是恰到好处的，那么这个工人就会怀着对自己和老板的最大满足感来工作。这样就为工人提供了一个确定的标准，通过这个标准他全天都可以衡量自己的进度，对这个标准的完成带给了他最大的满足感。

笔者在其他文章中曾描述了对工人进行的另外一系列实验，这些实验结果表明，除非确保工人能得到高额和持久的加薪，否则一分钟都别想让工人比他们周围的一般工人更加努力地工作。然而，这一系列的实验也证明了，只要有这种大方的加薪，你就能找到一大堆愿意以最快速度工作的工人。当然，这些工人必须得到确切保证，保证这种超过平均工资水平的加薪是持久性的。我们的实验已经表明，使一个工人以其最快的速度工作所需要的确切的工资增长率取决于这个工人所从事的工作种类，不可一概而论。

那么，当工人每天接到需要他们高速工作才能完成的任务时，他们也需要得到保证，只要他们成功完成了任务，就一定能得到相应的加薪，这一保证是完全必要的。这不仅仅需要为每个工人设定他每天的工作量，还涉及他每次成功地在给定时间里完成了任务，都会得到大笔奖金或者奖励。除非有人先看到了过去的计划然后又看到了新计划在同一个工人身上引发的改变，否则他很难全方位地领会这两个因素的正确使用在工人把效率和速度提高到并保持着行业的最高标准过程中所发挥的作用。同样，在实际上，直到我们看到对各种水平的工人所从事的各行各业的广泛工作的类似精确实验，我们才能够认识并理解，正确地使用任务和奖金这两个因素所带来的良好结果是明显的并且几乎是一样的。

这两个因素，也就是任务和奖金（就像在之前的文章里所指出的一样，可以有很多使用方式），构成了科学管理机制中两个最重要的因素。因为它们过去是，现在也是管理机制中的制高点，所以它们尤为重要，它们的适用需要管理机制里几乎所有其他因素的支持，比如说企划部的建立，精确的时间研究，方法和工具的标准化，日常工作制度，工头和教师的培训，以及在很多情况下使用的提示卡片和计算尺等等（详见本文后面的相关论述）。

系统地培训工人如何在工作中获取最大的利益的必要性已经提到过很多次了。因此，似乎有必要更加细致地解释一下培训是如何进行的。在使用现代管理方法的机器工厂的例子里，企划部的工作人员提前准备好了用最好的方法完成每一项工作的书面指示。这些指示是几个工人在企划室里共同工作的成果。企划室里的每个工人都有自己的专长或者说职能。例如，其中一个是熟悉切割工具并掌握最佳速度的专家，他使用上文中提到的计算尺作为工具，以得到合适的切割速度等。另一个人负责分析工人把产品放置到机器上并把它从机器上搬下来等操作所需要的最快和最佳的动作。第三个人通过搜集时间研究的结果制作出一个时间表，给出完成工作的每个基本动作所需要的正确速度。并且，所有这些对工人的指导都写在了一张单独的提示卡片或者一张纸上。

因为这些人必须与其工作中不断使用的数据和记录保持接触，也因为这项工作需要使用一张桌子并且避免打扰，所以他们必然花费大部分工作时间呆在企划部里。然而，人性使然，很多这些工人如果靠自己，是不会注意到那些已经写好的提示的。因此，有必要设置老师（也称为"职能领班"）来确保工人了解并且执行这些书面的提示。

在职能制管理之下，一个旧式的工头被八个不同的人所取代，每个人都有自己专有的责任，这些人作为企划部的代理人（参见《工厂管理》一文第 234 段到 245 段），是专家型的老师，全天都在工厂里帮助和指导工人工作。他们中的每个人都是因为自己的专业知识和个人技术而被挑选出来，他们不仅能告诉工人他们应该做什么，在必要的情况下，他们还能在工人面前亲手操作，通过亲身示范告诉工人最优而且最快的工作方法。

这八个老师中，有一个（也被称作"监工"）负责让工人明白这项工作的图示和提示。他教给工人如何按照规定的质量要求去工作；如何在应该细致工作的地方做到细致准确；精确性要求不高的时候就要快速粗略地工作，而精确性和速度这两者对于成功来说具有相同的重要性。第二个老师（"领班"）告诉工人怎么把待加工品放置在机器上，并培训他使其动作达到最快和最优。第三个老师（"速度领班"）确保机器以最快的速度运转，并确保使用最佳的工具，让机器能够在最短的时间里完成产品加工。除了来自于这些老师的帮助，工人还接受来自其他四种人员的指令和帮助："维修员"对他的机器和传动皮带进行调节、清理和一般保养等；"计时员"会提供一切与工资有关的书面报告或者收益信息；"工序管理员"会发布工作命令，并指示工人把工作从一个车间转移到另一个车间；一旦工人与各种各样的领班老师发生矛盾，"纪律督察员"就会找他面谈。

当然，我们必须明白，所有从事相同类型工作的工人所需要的个人教导和受到这些专业领班人员的关注程度是不一样的。一个刚从事某一指定工种的工人自然比已经从事相同种类工作很长时间的工人需要更多的教导和关注。

现在，通过这些教导和详细的提示，工人工作的开展非常顺畅和轻松，但给人的第一印象就是所有这些都倾向于把工人变成一个个机器人，一个个木头人。就像工人开始进入这个体系中时经常说的一样："为什么不允许我按照我自己的想法做事？！为什么有这么多干涉？！"然而，所有其他领域的现代化劳动分工都遭受到了同样的批评和反对。例如，我们不能认为现在的外科医生与这个国家的早期拓荒者相比变得更加狭隘和呆板了。因为早期的拓荒人不止要做一个外科医生，还必须当一个建筑师、房屋建造者、伐木工、农民、士兵和医生，他甚至还必须用枪杆子来解决法律纠纷。所以，你不能说现代外科医生的生活变得更加狭隘，或者说他比早期拓荒者更加呆板。外科医生会遇到和解决很多问题，这些问题就像早期拓荒者遇到的那些问题一样复杂和困难，也一样千变万化。

我们应该记取，对外科医生的培训和在科学管理体系下对工人的教导和培训几乎是相同类型的。在从业早期，菜鸟外科医生都是在有经验的医生的密切监督下工作的，这些有经验的医生细致入微地教会他要成功完成手术在每一个细节上的最佳方法。他们为他提供最好的设备，每一款设备都是专门研究和开发的产物，他们还要确保他以最佳的方式使用每一款设备。然而，所有的这些教导都不会让他变得越来越狭隘，相反，他快速地掌握了前辈最好的知识；同时他（从一开始就）得到了代表当时世界上最高端知识的标准设备和方法，从而能够利用自己的创意和机智真正为世界知识宝库注入新鲜血液，而不至于因循守旧。同样，在科学管理体系之中与很多老师相互配合的工人同样有机会发明新的方法，这种新方法即便不是更好，通常至少会和过去所有的问题都"压在他个人身上"而且没有任何帮助的时候所使用的方法一样好。

有人认为，没有所有的这些教导、没有规定工人从事特定工作的那些规则的帮助，工人可能会发展得更加全面和优秀。如果这种说法是正确的，那么按照这个逻辑，现在进入各大院校学习数学、物理、化学、拉丁文、希腊文等的年轻人甩开帮助，依靠自己会比在老师的帮助下做得更好。这两个例子的唯一不同之处就在于，学生要主动找老师求教，而在科学管理体系下机械工人工作的特殊属性就是，老师需要主动找到他们进行教授。事实是，在处于不断发展进步中的科学规律的帮助下，通过来自于老师们的提示，每个具有某一项知识能力的工人与之前相比，都能够胜任更加高级、更加有趣、更具有发展潜质并且更具赢利性的工种。之前除了把垃圾铲起来从一个地方推到另一个地方，或者把产品从车间的一个角落搬运到另一个角落以外什么都干不了的工人，通过接受教育在很多情况下可以做一些基础性的机械工工作，这样他就能够享受好一点的工作环境，工作会变得更加有趣，他也会得到较高的工资。之前只能操作一个钻床的工资低廉的机械工或其助手，通过接受培训可以从事更加复杂和工资更高的车床或者刨床工作。而那些技术水平很高也更加聪明的机械工人则变成了工头和老师。由此可向上依次类推。

在科学管理之下，似乎不像旧的管理体制那样激励工人运用自己的聪明才智设计和发明新的和更好的工作方法，或者改进他使用的设备。的确，在科学管理体系下，是不允许工人在工作中自作主张使用他认为适合这份工作的任何设备和方法的。然而只要他在工作方法和设备上有任何改进建议，都会受到鼓励。一旦有工人提出了改进建议，管理层就有责任对这个新方法进行细致的分析，如果有必要，还会进行一系列的实验来决定这个新的建议与旧标准相比的优势所在，只要发现新的方法比旧的方法具有显著优势，这种方法就会成为整个企业的标准。该工人会得到对这个改进的正式承认，为自己的聪明才智得到现金的奖励。通过这种方式，在科学管理体系之下对工人主动性的调动要比在过去的个人计划方式下效果好得多。

然而，时至今日，科学管理发展的历史已经向我们发出了警告。管理的机制不能被误认为是管理的实质或者根本哲学。确切来说，同样的机制在一种情况下会产生灾难性的结果，而在另外一种情况下则会带来最大的收益。同样的机制，当符合科学管理的根本原则时会产生最好的结果，但如果管理者运用不当，就会引发错误和灾难。数以百计的人把科学管理的机制误当成了科学管理的实质。甘特和巴斯先生以及笔者都已经向美国机械工程师协会提交了以科学管理为主题的论文。这些论文都以相当篇幅对我们使用的这种机制进行了描述。这种机制包括以下要素：

- 时间研究，以及适用于时间研究的设备和方法。

- 按职能分工的领班制及其与老式的单一监工制相比所具有的优越性。

- 在行业中使用的所有工具和设备的标准化以及每个工种中工人的行为和动作的标准化。

- 设立计划室或者企划部的必要性。

- 管理中的"例外原则"。

- 计算尺和类似的时间节约设备的使用。

- 为工人准备的提示卡。

- 管理中的任务理念，以及对成功完成任务者给予高额奖金。

- "差别工资"制。

- 对所生产的产品以及生产中使用的设备进行分类的制度。

- 日常工作制度。

- 现代成本制度，等等。

科学管理原理

不过，这些只是管理机制中的基本要素或细节。而科学管理在本质上包含着一种哲学，就像之前所说的，这种哲学是科学管理四大根本原则相结合的产物。①

---

① 第一，研发一门真正的科学。第二，对工人的科学选择。第三，对工人的科学教导和培训。第四，管理层与工人之间亲密友善的合作。

如果在使用科学管理机制中的时间研究、职能领班制等要素时,没有结合科学管理的真正哲学的话,在很多情况下,其结果是灾难性的。不幸的是,即使是一些完全赞同科学管理原理的人,也会急于从旧式的管理快速转变到新的管理上来,完全忽视了从事这项实验多年的人的警告。他们通常会遇到一系列的问题,有时候会引发罢工,最终导致失败。

笔者在《工厂管理》一文中曾经呼吁,要着重关注管理者急于从旧式的管理转变到新的管理上时所面临的风险。然而,在很多情况下,人们并没有注意到这个警告。管理方式转变中所需要的物质上的变化、必须进行的准确的时间研究、工作中涉及的所有工具的标准化、对每一种机器进行必要的分别研究以及把他们按最佳的秩序摆放,所有这些都需要花费时间,对这些工作中的要素进行研究和研发的速度越快,对我们的事业就越有利。在另一方面,从"激励主动性"的管理方式向科学管理转化所涉及的一个真正的重大问题,是对管理中涉及的包括工人在内的所有人的态度和习惯的全面转变。只有通过对工人进行渐进式的实物教学和示范,手把手地教他们,让他们打心眼儿里相信这种新的工作方法与旧的方法相比具有巨大优势，才能促使这一转变实现。这种工人精神态度上的转变必然需要时间，不可能一蹴而就，超速完成。笔者曾经一而再、再而三地警告那些打算进行转变的人：即便是在一个工序简单的公司里，这件事也要花费两到三年的时间，甚至有的时候，需要四到五年的时间。

最初的一些影响工人转变的措施应该以极慢的速度进行。在最开始，同一时间只能对一个工人开展工作。直到这个工人已经完全相信他从新的方法中得到了巨大的收益，才能进行下一步的转变。接下来，有策略地一个接一个对工人进行转变。到了公司里四分之一到三分之一的雇员都已经从旧式的管理体制转变到新的管理体制中来的时候，就可以加快速度了。原因就在于，在这个时候，全公司已经形成了彻底改革的舆论导向，而且实际上所有按照旧的管理体系工作的工人都想要分享他们看到的在新的计划下工作的工人得到的各种利益。

尽管笔者本人已经从推行这种管理体系的事业（也就是需要以金钱作为报酬的工作）中退休了，但是我将再次毫不犹豫地强调，那些能够找到具有必要的引入科学管理的实践经验并且对科学管理原理进行过专门研究的专家来为他们提供服务的公司真的很幸运。仅仅在一家按新的管理原理进行管理的公司做过管理者是不够的。这个负责指导公司一步步从旧的管理方式转变为新的管理方式的人（尤其是在任何从事精密工作的工厂里），必须具有处理经常遇到的困难以及转变阶段所特有的专门难题的个人经验。正因如此，笔者希望余生能够主要致力于帮助那些想把管理当作其职业的人，并给一般公司的管理者和老板们提出建议，告诉他们进行这种转变时他们应该采取哪些步骤。

我们举下面这个例子是为了给那些想要采取科学管理方法的人提出警告。在一个雇用了 3000 到 4000 个工人的相当精密的工厂里，有几个人想要从"激励主动性"的管理方法转变到科学管理方法。他们缺少进行转变而又不冒罢工或干扰企业经营风险所必需的丰富经验，却都想要快速增加产出。这些负责进行管理方式改革的人能力都不凡，同时又热情高涨，而且我觉得他们真正把工人的利益放在心上。在开始之前，笔者就曾警告他们，必须把速度放得极慢，在这个工厂里进行改革至少要花三到五年的时间。然而，他们完全无视这个警告。很明显，他们认为通过使用这么多科学管理的机制，并结合使用

"激励主动性"方法中的管理原则——注意不是使用科学管理原理——他们就能够在一到两年的时间里完成之前经证明需要至少两倍的时间来完成的工作。例如,来源于精确时间研究的知识本来是一个有力的工具,在某些情况下,通过渐进式的教育、培训,引导工人以新的和更好的方法来完成工作,同时也可以提升工人和管理层之间的和谐度;或者在其他的情况下,可以把时间研究当做一个大棒,命令工人每天完成更多的工作,而得到的工资却和以前的工资差不多一样。不幸的是,负责这项工作的人害怕麻烦,没有花费时间和精力去培训教师或者职能领班,让他们去逐步地引导和培训工人们进行工作。他们企图通过给旧式的工头配备新式的武器(精确的时间研究),罔顾工人们的愿望,在不增加工资的情况下,强迫工人们更加努力地工作;而不是一步步地引导和培训他们采用新的方法,通过实例教学让他们相信,任务管理对于他们来说不仅意味着更加辛苦的工作,同时也意味着更多的收获。所有这些忽视基本原理的做法带来的是一系列的罢工,进而导致那些企图进行管理方式转变的人员倒台,并且使整个工厂的境况变得比尝试转变之前更加糟糕。

这个案例告诉我们一个活生生的教训,不要滥用这种新型管理方法中的机制但却抛弃其实质内容，也不要完全忽视过去的经验而试图缩短必要的长时间的改革实施进程。我们想要强调的是，负责这项工作的人都是既能干又勤奋的人，失败并非由于他们自身缺少能力，而是因为他们想要做的是不可能的事情。这些人再不会犯同样的错误，但我们还是希望他们的经历能够对其他人起到警示作用。

这里，我们需要再次声明，在我们从事推广科学管理的 30 年里，即使是在从旧的管理方式向新的管理方式转变的关键时期，那些按照科学管理原理进行改革的工厂没有发生一起罢工事件。如果在这项工作中具有经验的人使用了正确的方法，就绝对不会有罢工的危险或者出现其他的麻烦。

笔者还要再次强调，对于一个从事复杂产品生产的工厂来说，除非这个公司的总裁完全理解并相信科学管理的基本原理，除非他们赞同开展这一转变所涉及的所有工作，尤其是所需要的时间，并且非常想要采取科学管理，否则，其管理人员无论如何都不应该展开从旧的管理方式到新的管理方式的转变。

毫无疑问，一些对工人特别关心的人士会抱怨，在科学管理之下，工人学会了如何完成过去两倍的工作，却没有得到过去工资的两倍。而同时，一些关心公司收益甚于关心工人的人士会抱怨，在新的管理体系下，工人比过去得到的工资要高得多。

仅仅做这些空泛的陈述，科学管理确实好像很不公平。例如，一个熟练的生铁搬运工人通过培训可以搬运的生铁是之前不熟练的工人搬运生铁的 3.6 倍，但他的工资却只增加了 60%。

然而，在考虑到这个例子中的所有因素之前就形成一个最终的评判是不公平的。一开始，我们只看到了涉事的两方——工人和雇主。我们忽视了第三个重要方面——全体人民——他们作为消费者购买产品，并最终承担工人工资以及雇主利润。

因此，人民的权利比雇主和雇工的权利都要大。而且这个第三方应该分享合适份额的收益。事实上，回顾工业的历史，我们会发现最终全体人民分享了工业发展所带来收益的绝大部分。例如，数百年来引起产量增长，以及伴随其后的文明世界繁荣发展的最大因素就是用机器生产替代了手工劳动。毫无疑问,这一变化所带来的巨大收益已经归于全体人民——消费者。

在较短的时期内,尤其是在设备专利化的情况下,那些引入新机器设备的人所获得的红利大大增加了。虽然不是非常普遍,但是在很多情况下,雇工的工资得到了实质性的提高,他们的工作时间更短了,工作环境也变得更好了。最终,大部分的收益还是由全体人民共同分享的。

美国钢铁工人的宿舍(1935年)

科学管理原理的推广必将和机器生产的推广一样最终惠及全体人民。

还是让我们回到生铁搬运工人的例子中。我们必须假定产量增加所带来收益的一大部分最终会以价格更便宜的生铁的形式返回到全体人民手中。在决定余额如何在工人和雇主之间分配之前，关于什么样的报酬对于搬运生铁的工人来说才是公正和公平的，以及应该留多少给公司作为利润，我们必须全盘考虑各个方面的因素。

第一，就像我们之前所说的，生铁搬运工人不是超常的、很难寻找的工人，他仅仅是一种多少有点像牛的那种人，在智力上和体力上都很笨拙迟钝。

第二，这些生铁工人从事这项工作的劳累程度不比普通的健康工人从事适当工作的劳累程度更重。（如果这些人劳累过度，那么所布置的任务就是不适当的，这离科学管理的目的就相去甚远了。）

第三，工人不是因为其主动性或者创造性而完成一天的巨大工作量，而是因为掌握了其他人研发并教会给他们的关于生铁搬运工作的科学知识。

第四，当处于同样等级的工人（考虑到他们的综合能力）在工作中全都尽力工作时，他们应该得到相同的工资，这才是公正平等的。（例如，同样工作一天，付给那些工人 3.6 倍于其他和他们处于相同级别工人的工资，是极其不公的。）

第五，就像在前面所解释的，60％的工资增长额并不是来自于领班或者监工的随意判断，这个比例是长期精确实验的结果，这些实验是公正的。他们在考虑了所有的情况之后，决定了什么样的工资水平真正体现了工人最真实和最佳的利益。

因此，我们会看到，生铁搬运工人所得到的 60％的工资增长并不是同情的产物，而是对其工作业绩的奖赏。

毕竟，很多情况下事实比观点和理论更加令人信服。一个重要的事实就是，那些在过去 30 年里在这种体系下工作的工人很满意他们所得到的工资增长，同时他们的雇主也一样对其红利的增长感到满意。

随着真相逐渐被人们所了解，有些人认为越来越多的第三方（全体人民）会坚持所有三方都应得到公平的对待，我也是这么认为的。这就需要雇主和雇工的效率都要最大化。人们不会再容忍那种眼睛只盯着利润，拒绝承担其全部工作责任,只管骑在工人头上耀武扬威来迫使工人努力工作,还要压低工人工资的雇主。 人们也不会再容忍工人要求一波接一波地涨工资,要求缩短工作时间,但同时却非但没有提高效率,反而变得越来越低效。

采用笔者坚信的方法会带来以下好处:首先是雇主和雇工双方的效率提高,其次是他们共同创造的利润在他们之间得到合理分配。 而这种方法就是科学管理。 科学管理的唯一目的就是通过对这个问题中所有因素进行公正的科学研究和调查能够达到所有三方的公平。 一度会有两方同时反抗这种进步的情况。 工人反对任何干涉他们过去的经验法则的做法,管理层反对别人要求他们承担新的责任和任务,但是最后人民大众会通过开明的舆论促使雇主和雇工双方都接受这一新的秩序。

毫无疑问,在我们所列举的所有事例中,没有什么过去不为人所知的新鲜事实。 很可能就是如此。 科学管理不一定是什么大发明,也没有发现什么新的或令人震惊的东西。 然而,它的确是把一些过去已经存在的要素结合到了一起,换句话说,也就是把旧有的知识进行收集、分析、整理、分类,形成规则和规章,最终缔造了一门科学；相应地，工人和管理人员对彼此以及对他们自身任务和责任的精神态度也发生了根本转变。然而，他们双方之间的责任得到重新分配，他们之间亲密友好的合作程度在过去的管理理念下是不可能出现的。在很多情况下，没有逐渐研发出来的管理机制的帮助，所有这些成果都不会达成。

科学管理并不是由单个要素构成的，而是由一个要素整体构成的。这些构成科学管理的要素可以归纳为：

- 科学，而不是经验法则。

- 和谐，而非争执和冲突。

- 合作，而非个人至上。

- 最大产出，而非有限产出。

- 每个人都得到开发，实现其效率最大化和财富最大化。

笔者想要重申:"任何人没有周围人的帮助独自一人取得伟大个人成就的时代已经一去不复返。所有重要的事情都要通过合作完成的时代已经到来,在这种合作中,每个人从事的都是最适合他的工作,每个人都保持了自己的个性,在自己的特定职位中是最为重要的,同时每个人都不会失去其创造力和适度的个人主动性,他们为很多其他工人所控制,并与之一起和谐工作。"

上面所给出的在新管理方法下获得产量增长的例子中,清楚地表明了可能获得的收益。这些例子并不是超常或者特殊的例子,他们只是从上千个现有的类似例子中挑选出来的而已。

让我们来看一下普遍应用这些原理所能够带来的好处:

总体来说,它能够为整个世界带来更大的收益。

与过去几代人相比,现在这一代人所拥有的巨大的物质收益来源于一个事实,那就是,这一代的普通工人稍有努力就会生产出两倍、三倍甚至四倍于过去普通工人所生产的产品。当然，这种人力生产力的增长，除了工人个人操作能力的提高以外，还有很多其他原因。这些原因包括蒸汽和电力的发现，机器生产的推广，大大小小的新发明和创新，以及科学和教育的进步。但是不管这种生产力的提高得益于哪种原因，个人生产力的普遍提高最终都会推动**整个国家**更加繁荣昌盛。

那些担心工人生产力的普遍大幅提高会造成其他工人失业的人应该意识到，区分文明国家与非文明国家，也就是区分人民繁荣昌盛还是贫困的唯一因素，就是这个国家普通人的生产力达到其他国家的五到六倍。另一个事实就是，造成英国（可能是世界上最朝气蓬勃的国家）失业人口比例较高的一个主要因素就是，英国的工人与其他文明国家相比，更加蓄意地限制他们的产出，原因就是他们始终怀有一个错误的观念，即每个工人尽可能地努力工作是违背他们的最佳利益的。

在将来，科学管理的普遍应用会轻而易举地使参与工业生产的普通工人的生产力翻一番。想一想这对我们整个国家来说意味着什么吧！想一想：全国范围内生活必需品和生活奢侈品供应量同步增长；工人的劳动时间缩短；同时带来的还有教育、文化和休闲娱乐机会的增加。但是与全世界都会从生产的增长上获益相比，生产商和工人更加感兴趣的是他们自己以及他们周围的人所得到的局部收益的增加。对于采用科学管理的雇主和工人来说，尤其是对于首先采用这种管理方法的人来说，科学管理意味着消除了所有引发人们之间争议和分歧的隐患。什么是一个合理的最大日工作量是科学研究要解决的问题，而不是讨价还价和争执不休的对象。因为磨洋工的目的已经不复存在，所以磨洋工现象也必然消失。伴随这种管理方式而来的工资的大幅增长会在很大程度上解决曾经作为争端源头之一的工资问题。（劳资）双方之间亲密无间的合作，以及经常性的个人接触往往比其他方式更能够减少摩擦和不满情绪。利益相同且全天都肩并肩地为完成同一目标而工作着的两个人是很难吵起架来的。

产出倍增以及伴随而来的生产成本的降低使得采用这种管理方法的公司，尤其是最先采用这种管理方法的公司，能够比之前更加具有竞争力，这也会扩大他们的市场，他们的工人即使在淡季也会不停地工作，他们会始终获得更多的利润。

这不仅对于工厂里的工人，而且对于他们周围密切相连的整个社区来说，都意味着财富的增加和贫困的减少。

作为这种产出大幅增加的必然因素之一，每个工人经过系统的培训，都会达到效率最高的状态，与之前旧的管理方式相比，这些工人通过培训可以胜任更高级别的工作；同时，他对雇主以及整个工作环境的精神态度也会变得友善。然而在过去的管理方式下，他有相当一部分时间花在了被指责、受戒备和怀疑上，有时甚至会参与公开的斗争。毫无疑问，在科学管理体制下，所有工人直接受益是整个问题中最重要的一个因素。

上述这些结果的实现，难道不比解决现在英美两国人民所广泛关注和讨论的问题更加重要吗？尽最大努力让整个社会意识到这一重要性，难道不是我们这些洞察事实真相的人的责任吗？